U0639139

祖籍北京 汉军八旗后裔
祖父昆仲 曲坛三弦高手

百日认师有门户
四岁随父赴江阴

当年誉称神童 最先闯台仅二岁
如今稀客兵 济南雪落已八旬

为吃饭 苦练《报菜名》
更钦迟获誉"小神童"

《三棒鼓》声声催遍
"一脚优" 耿耿于怀

家父梗豪 恩威并用
慈母疼爱 进退两难

九龄童拿"整你" 养家糊口
八方乐送"心意" 苦尽甜来

学京剧苦练武功
遇名师终身受用

书文戏理分高下
贯口赵子见真功

名家笑侃相声圈

相声快嘴

李伯祥◎口述

钱钰锟◎执笔

天津出版传媒集团

天津人民出版社

流落谋生 徐州演
谋之初 初到 北京
津城里车报站名
赶场求生计

图书在版编目(CIP)数据

相声快嘴李伯祥 / 李伯祥口述;钱钰锟执笔. --
天津:天津人民出版社,2017.4
(名家笑侃相声圈)
ISBN 978-7-201-11658-7

Ⅰ.①相… Ⅱ.①李… ②钱… Ⅲ.①李伯祥-生平
事迹 Ⅳ.①K825.78

中国版本图书馆 CIP 数据核字(2017)第 066738 号

相声快嘴李伯祥

XIANGSHENGKUAIZUILIBOXIANG

李伯祥 口述;钱钰锟 执笔

出　　版	天津人民出版社	
出 版 人	黄　沛	
地　　址	天津市和平区西康路 35 号康岳大厦	
邮政编码	300051	
邮购电话	(022)23332469	
网　　址	http://www.tjrmcbs.com	
电子信箱	tjrmcbs@126.com	

责任编辑　张素梅
装帧设计　汤　磊

印　　刷	高教社(天津)印务有限公司	
经　　销	新华书店	
开　　本	710×1000 毫米　1/16	
印　　张	15.25	
插　　页	6	
字　　数	140 千字	
版次印次	2017 年 4 月第 1 版　2017 年 4 月第 1 次印刷	
定　　价	43.80 元	

著名相声演员李伯祥

1948年夏，侯一尘、马三立等收徒仪式后合影留念，第一排左一为李伯祥

2006年5月19日，拜师、谢师仪式后，众弟子与李伯祥夫妇合影留念

李伯祥夫妇、杜国芝夫妇
与相声名家张永熙

2006年5月19日，在拜师、
谢师仪式上，李伯祥夫妇与
唐杰忠（中）、苏文茂（右
二）及常贵田（右一）合影

2006年5月19日，
在拜师、谢师仪式
上，徒弟们给师父
献花

2015年春，李伯祥与相声名家田立禾在一起

李伯祥与杜国芝（左）、著名弦师韩宝利（中）留影

三十余年老搭档———李伯祥与杜国芝

李伯祥、李立山（中）、
李金斗表演《扒马褂》

李伯祥与刘俊杰（左二）等合影

1990年，为中央电视台录制传统相声《找五子》，从左至右为李伯祥、孙少臣、杜国芝、王平、李伯祥之子李松涛

电视剧《王宝钏洗澡》剧照

在群口相声中扮演和珅

与小儿子李松涛同台演出

1993年，李伯祥夫妇与孙子、孙女合影

李伯祥夫妇合影（尉迟健平拍摄）

李伯祥与全国摔跤冠军王恩信先生摔跤比赛

李伯祥与本书执笔钱钰锟（尉迟健平拍摄）

津门骄子　自成一家

孙福海

手捧钰锟兄执笔的《相声快嘴李伯祥》一书,爱不释手。这将是一本相声界引以为傲、具有教科书作用的好书。该书探赜了主人公从艺七十余年的脚步、心灵、境界及艺术轨迹;叩开了主人公的心扉,讲述了主人公的所思所想;讴歌了主人公对艺术的真挚情感和不懈追求;寻觅了主人公成才、成功、立德、立艺之路;彰显了一位相声大家之正气,给人以启迪和激励。我以为,本书的意义如下:

一、写法新颖　语言独到

由钰锟兄弟执笔的该书,以清新的文笔,朴实的语言及集录的方式对主人公在《每日笑吧——笑侃相声圈》中所讲述的故事,予以提炼、剪裁、谋篇布局、高度概括,充分体现了其导演的才华和文学功底。《笑侃相声圈》的创意及录制,本来就是出自于他,其在导编过程中的构思、知识及对相声业务的熟悉,令我们这些几十年从事相声专业的人,都表示叹服。这本书,采用集录方式进行撰稿,难度更高于随心所欲地编写。他之所以采取这种方法成书,是为了还原历史史实。这种手法在我国文学领域始自魏晋,盛行于宋代。南朝刘义庆的《世说新语》,北宋沈括的《梦溪笔谈》,南宋陆游的《老学庵笔记》,明朝张岱的《陶庵梦忆》,清朝纪昀的《阅微草堂笔记》以及 20 世纪 30 年代初丰子恺的《缘缘堂随笔》，都是文学史上的奇葩。《相声快嘴李伯祥》就类似这样一种文学体裁，一种短隽有味、文字清新而又雅俗共赏的好书。

二、业内骄子　曲坛增辉

伯祥兄与我相识相交几十年，他不仅仅是令业内尊重的相声界第六代（文字辈）大师兄、即"掌门人"，而且是我钦佩和敬重的一位业内佼佼者。起码占有如下第一：

他，黄口之龄登台献艺，迅即演红，这乃是同龄人所不及的业内第一。

其幼承庭训，6岁随父李洁尘在济南晨光首次登台，9岁在南京"金谷园"演出，被授予"小神童"雅誉。当年蒋介石六十大寿，在诸多曲种中，仅有他们父子一场相声。11岁的他落落大方，以一段显露传统功力的《报菜名》令人刮目相看；

他，无论是在南方、北方还是在农村、城市、部队、工厂，演出效果总能占全场第一。

在20世纪80年代，我与他同在天津市曲艺团工作，每年在各地巡回演出一二百场，他不仅大都承担"攒底"任务，而且无论在什么地方和场合演出从未"泥"过。这种现象在业内是罕见的，相声界有一句话，叫"宁往北走一千，不往南挪一砖"，意思是南方的相声观众对相声的热爱不及北方，诸多北方相声演员、甚或是享有盛誉的"大蔓儿"，在南方一些中小城市的演出效果都难免略逊一筹。而伯祥兄倚仗其从小闯荡江湖，善于根据每个地方的风土人情、语言习惯巧妙地融和贯通，可以说他走到何处，都是颇受当地欢迎的演员。

他，博闻强记，被业内同仁公认为第一。

几十年前的节目，只要有人点题，他即能毫不迟疑地全段背颂。无论是"子母哏"还是"贯口活"，而且还告诉你哪个前辈哪个地方好，与别人的不同之处、特点及使法。近年来，业内收徒、重大庆典，都要请他代表老艺术家讲话，八十高龄的他不用稿子，能把近日国家发生的大事、中央有关新精神、新提法、国外要闻，甚至国外某小城市的地名、多位难记的外国人名都能脱口而出。他看报看电视，被人称为"过目不忘"，每次讲话时都是笑声掌声不断，而且还经常出现台下喊"返场""再来一段"！

他，培养的弟子，成才率堪称第一。

他有 21 个入室弟子，大都是从入门教起，他们是刘济深、郑健、戴志诚、金望、高吉林、高玉林、刘毛毛、李增满、王平（2013年病故）、耿直、秘弘泉、孙庆华、于琪、吕小品、李甦、王月、李庆丰、孙乘林、王硕、杨利生、王喆，几乎个个都成为名演员。

他，涉足的艺术、体育种类及水平堪称第一。

相声演员熟悉曲艺、戏曲各个曲种流派不足为奇，但他对这些门类的认知和所掌握的知识毫不逊色于专业人士。所以，中央电视台及地方电视台，多次请他担任京剧、豫剧大赛的评委。而且他对各个曲种、各个行当的专业点评都令业内外佩服。同时，他还曾受邀点评足球、摔跤。这些都是他用功学习为相声服务的，反过来也成为这些行当的专家里手，可见其用功之深。

他，高龄演高难度节目在业内堪称第一。

八十岁高龄，一般演员难免有时力不从心或表演"子母哏"

捧、逗分量相当的节目。而他现在不但能使"一头沉"的活,而且还常演"贯口活"。像他创作的《周游世界》,不但要在台上背诵大段的外国地名,而且他竟能和传统的《地理图》背不混。

三、新颖独特 自成一家

伯祥兄的演出风格独特,人称"李快嘴";节目新颖,不落俗套。"嘴快"字字入耳,语言节奏铿锵有力,朴实无华,朗朗上口,听着提气,看着过瘾。平俗中显典雅,新颖中富魅力。

诗有"眼",书有"胆",笑的制造最难产。相声是使人发笑的,但伯祥的相声,使人笑得回味、笑后深思。他把"笑料"作为手段和技巧,用"笑料"为节目内容和塑造人物服务,所以,他的节目没有廉价、庸俗的笑,更没有讽刺智障、残疾、爸爸儿子沾便宜的笑。在这方面,他不但严格要求自己,而且对待弟子和晚辈也特别严格。记得有一年他担任全国相声大赛评委,深入到小剧场选节目,听到一个低级的笑料,大为震怒和恼火,在多个场合进行呼吁和批评,其责任心和境界可见一斑。

艺无德不立,德,在艺术追求上又以不断出新为魂。他所以能常演常新、自成一家,源于其紧步时代、突出创新,使他的艺术具有强大的生命力、活力和感召力。我以为,这是李伯祥自成一家之妙处所在。

四、老骥伏枥 志存高远

伯祥兄已八十高龄,但他对艺术的追求、对自己的高标准严要求毫未松懈。他除了参加正常业务演出之外,非常热心公益事业,凡义演、"搭桌"、慰问、慈善都少不了他的身影。2016年他参加《廉政专场》冒着炎热的酷暑深入基层演出了几十场。

他不打牌,不穿戴名牌,不去高消费娱乐场所,总是随身携带两样心爱之物:一个是播放自己痴迷的戏曲名段的录音机;一个是自己搜集的报纸剪报。

他为人谦和,处事低调。当别人夸奖他哪个节目、哪个"包袱"好时,他总是说我当初是学某位老先生的,从不显示自己。

由于他使我感动,在我担任天津市文联党组书记时曾对他多次提出,为他出资搞从艺庆典和出书。这对于别人都是求之不得的事情,可他多次婉言谢绝,唯恐给组织、弟子们添麻烦。所以到现在他也未搞过从艺五十年、六十年、七十年纪念及生日庆典活动。

他悉心传艺,除了徒弟和再传弟子之外,还有李金斗等诸多义子和学生,但无论是谁,只要是在艺术上问到他,他从不保守。就连我在电视台讲的《笑侃相声圈》及出版的几本有关相声的专著,都得益于他许多指点。

我相信,此书一定能受到读者的欢迎。

丁酉年春

5

目录 Contents

开篇的话

人讲礼义为先,树讲枝叶为圆。

各位看官大家好,学徒李伯祥给您请安了,祝大家大吉大利、健康长寿、一切顺利、增加收入、生活富裕、阖家欢乐……以上省略了一万多字,都是送给您的吉祥话。怕您嫌我啰唆,我就不一一说出来了,您就自己补充吧。

1 祖籍北京　汉军八旗后裔　祖父昆仲　曲坛三弦高手

我是说相声的，也没有别的技术，上联合国去了两次，没当上秘书长又回来了。这是笑话，我没有那么大的才能。

我从小时候就学说相声，在旧社会，要是说出来我是学相声的，要招人笑话。现在时代进步了，大家对这个职业也都能够理解了，我可以说了，没人笑话了。

我为什么要学相声呢？因为我家很穷，要凭着说相声来换饭吃。

我先是跟我父亲学艺，我父亲的本名叫李惠民，他是1913年(癸丑年)生人，后来他用的李洁尘这个名字，不是为说相声起的名字，而是他当道士时用的道号。

我家的原籍不是天津，我原籍是北京。最早还不是在北京市里，是在北京的南边叫采育的地方，那是个大镇甸，现在要是坐汽车走高速公路，到京南还能看见有一个大牌子上写着采育，那里有一个村子叫李家台，那是我的老家。在当年那个村里人完全都姓李，当然现在开放了，哪的人都有了，不一定都姓李了。您知道那个"牙好、胃口就好"的相声演员李嘉存，他也是李家台的人。

我父亲怎么说了相声？为什么用道号来做艺名呢？这我得慢慢跟您说，您别着急。

我们家是汉族人，但是在旗，是汉军旗人。过去的旗分为八个，即正黄、镶黄、正红、镶红、正蓝、镶蓝、正白、镶白。听我父亲说，我们家上辈在清代当过镶黄旗的武官，住在北京的东直门慧照寺。虽然是汉军旗人，但每个人也都有固定的钱粮，每个月给点儿米、给点儿银子。当时叫作"铁杆庄稼"，就是生活有保障的意思。

到了民国时期，"铁杆庄稼"倒了，这些拿钱粮的人就没有收入了，怎么办？全家得吃饭啊。当时的八旗子弟天天吃喝玩乐，时兴提笼架鸟，还喜欢弹唱歌舞，讲究唱子弟书，就是后来的单弦。

我的爷爷叫李子衡，和我的大爷爷李益山，就是我父亲的伯父，他们都会弹弦。有这个手艺，就可以拿这个来换饭吃了。

李伯祥的伯祖父李益山

我大爷爷李益山有文化，能写，现在叫能创作，如今咱们唱的联珠快书，其中有一段《挑滑车》，就是我大爷爷写的。他的儿子叫李权忠，和我父亲是叔伯兄弟。

联珠快书唱词讲究上下句、垛子句。通常由六部分组成，分别称为"诗篇""书注头""春云板""流水板""话白""联珠调"。

"诗篇"就是八句开场诗,"书注头"有两句,都以"表的是"三个字起唱,概括唱段大意。正文一共分三段,每段称为一落(lào)。"春云板"又称"出云板",曲调平稳,就像春天的云彩在空中悠悠飘荡。"流水板"节奏就稍快点儿了,它舒展流畅,像江河流水一样滔滔不绝。

到"联珠调"节奏就更快了,它似说似唱,讲究一气贯通,抑扬顿挫分明,听起来如同大珠小珠落玉盘。随着演唱速度逐渐加快来渲染惊险的场景,能起到把演出推向高潮的作用。

《挑滑车》是我大爷爷李益山写的,那词写得可好了,我到现在还会这么几句。就是夸大将高宠的词,我给您唱几句:"见来将,身高八尺,膀阔三停,虎背熊腰甚威风。头上戴凤翅金盔二龙斗宝光华闪,身上穿锁子大叶连环甲护心宝镜放光明。相衬着九吞八乍襻甲丝绦狮蛮带,亮银钩护身宝剑鞘中盛。"您听是不是有点儿意思?

2 全堂八角鼓盛极一时 单弦牌子曲流传八方

单弦最早叫全堂八角鼓，表演时还要有猜灯谜、绕口令、双簧、太平歌词、单弦岔曲，联珠快书、古彩戏法等多种技艺形式，用现在的话说就是一场曲艺联欢晚会。

"全堂八角鼓"很有讲究，分为吹、打、弹、拉、说、学、逗、唱。原来就是八旗子弟自娱自乐的一种休闲文化，他们还在排练场所悬挂皇上批准的演出执照，叫"龙票"，因而演出场所称为"票房"，演唱者称为"票友"。所以说文艺界最早的"票友"，就是这些弹唱八角鼓自娱自乐的八旗子弟。

八角鼓是单弦、岔曲、联珠快书的伴奏乐器之一，它来源于"八旗"，"八旗"制度是清朝开国皇帝努尔哈赤在山海关外首创的户籍制度。

满族的人丁在平时从事渔猎生产，在打仗时就随军作战。那时三百人丁称为一"牛录"，设"佐领"；五个牛录为一"甲喇"，设"参领"；五个甲喇为一"护丁"，设"都统"，称为"固山额贞"。一固山，就是一旗。

明万历年间开始，努尔哈赤设了四正旗，到后来又增设了四镶旗，这就是满洲八旗。崇祯八年（1635 年），努尔哈赤的儿子皇太极又分设蒙古八旗，崇祯十六年（1642 年）再分设汉军八旗。这就是二十四个旗，也叫二十四固山。镶黄旗由皇帝爱新觉罗氏亲自掌管,加上正黄、正白,并称为上三旗,亦称内府三旗,其他为下五旗。

八角鼓的八角八面象征着八旗,八个侧面各有一副小铜镲,中间还夹着一个小铜片,这些铜镲与铜片就各指满、蒙、汉三旗,镲与小铜片总共是二十四个,意为二十四固山。

鼓外面蒙的蟒皮寓意为江山一统,鼓下系有丝绦编的如意盘长挂有双穗,企盼着五谷丰登麦秀双穗。挂穗的那个侧面,内里装了一个中柱,是为了手拿着得劲,这还有个好寓意叫永罢干戈。贴柱也是三个小铜片,从外面看不出来。穗子的颜色代表旗种,镶黄旗和正黄旗分别为杏黄和鹅黄,其他各旗所用的八角鼓,穗子颜色都与本旗的旗帜颜色相同。

联珠快书最适合表现两军对阵交锋和英雄消灭匪霸的故事。可惜好多节目的主人公都是死于非命,也就是横死,像《挑滑车》中的高宠是被砸死的,《李陵碑》里的的老令公是碰碑而死,《淤泥河》中的罗成死于乱箭穿身,《阴魂阵》讲的是刘金定归天,这样的节目不大吉祥,在走堂会时往往不符合主家结亲、做寿的喜庆主题。

因此我爷爷李子衡编了一个喜庆的联珠快书叫《赵彦求寿》,说的是《三国演义》里面的故事。赵彦十九岁时在地里耕田,一位名叫管辂的人会看相,发现赵彦聪明伶俐,但寿命不长,只能活十九岁,就如实地告诉了他。

赵彦回家后告诉父亲,他父亲非常害怕,让赵彦追上管辂求他设法相救。管辂知道天机不可泄露,就含糊地说:"明天你带上好酒和美味的鹿肉干到南山脚下，见到有两位老人在那下棋，你就用酒肉招待他们，然后就看你的造化了。"

第二天赵彦带上酒肉来到南山，果然见两位老叟正在下棋，赵彦就托盘而跪，两位老人下到中午时分是又渴又饿，就随手拿起酒肉来连吃带喝。棋一直下到傍晚时分，白衣老人发现了赵彦，一看便知来意就说："寿数命中注定，是无法更改的。"这时红衣老人笑着说道："食人酒肉，焉能无情。"于是拿出生死簿，将赵彦的阳寿十九岁的前面加了个九，这就改为寿活九十九岁了。您瞧赵彦这顿酒管得太值了。

这两位老人是北斗七星君和南斗留星君，"北斗主死，南斗主生"，他们是执掌生死的神仙。

再聊点儿闲话。从前生意人用的秤杆上面都是十三个星，来历就是南辰六星、北斗七星，后来为了警醒商人守法经营，在十三星的后面又加上三个星，就是负责封高官、享厚禄、延寿命的福禄寿三星。

老年间是十六两一斤，秤杆上就有了十六个星，这是为了警告做生意的，一旦缺斤短两就要遭报应，缺一两折福，缺二两折禄，缺三两折寿。现在破除迷信，做生意的也大都不信这个了。

京剧里也有这出戏，是个花脸的开场戏，和《大回朝》一样都是开场戏。剧场刚开戏的时候观众还没来全，前排是坐满了，后排只有中间有人，两边还没坐满，从台上往下一看就像个窝头的形状，演员就管这叫窝头座。《探阴山》过去也是开场戏，说起来还有个笑话。有个著名花脸演员马连昆，是富连成毕业的，很有本事,他演包公,天热,观众少,唱到"叫王朝,和马汉……"这句时,王朝要答应一声"有",那天演王朝的这位演员太累了,站那睡着了没答应,演马汉那位一看补个台吧,就答应了一声"有",这马连昆"葛攒",就是有点儿犯损,他拿手一推髯口,指着马汉接着唱:"没叫你,我再叫一遍王朝哇呀呀……"把王朝吓醒了。

我爷爷李子衡编的这段联珠快书《赵彦求寿》失传了,我也不会唱。因为什么呢? 它节奏太慢,到王府去唱还适合,后来堂会少了,这段也就没人唱了。

3 相声发源于单弦
春典产生自堂会

原来八旗子弟唱八角鼓只是为了自娱自乐，1912年2月12日，清朝最后一位皇帝宣统退位，就取消了八旗子弟的固定钱粮，那些有家底儿的还能支撑一段时间，没存项的八旗子弟就难以维持生活了，为了生存只能放下面子去应堂会，给王府、贝勒爷、格格们演出。过去北京大户人家举办堂会，必然邀请"全堂八角鼓"演出。在天津也很盛行，可以说这是老天津卫"什样杂耍"的前身。所以有人认为单弦就是相声的前身。

当年有位张三禄老先生从全堂八角鼓的演出群体里面脱离出来，自己一个人去到天桥表演单笑话，减去了吹打弹拉，保留了说学逗唱，后来他把这些笑话教给一个穷秀才朱绍文，这就是相声的雏形。

我听说我们相声里的行话"春典"产生的原因之一也是为了走堂会。人家大宅门规矩大，到那演出就得小心伺候，您说王爷、贝子、贝勒在那看戏，这边小孩一喊"我要拉屎"，人家能爱听吗？就忌讳这些，说拉屎就叫"撒山"，撒尿叫"摆柳"，饿了叫"瘪了"。

问主家给钱了吗也不能明说，就说："合字儿，挡杵了吗？"比如主家有事，要抓紧时间，把演出缩短一点儿，叫"马前，撅点儿"，假使后场演员没赶到，前边的演出得押着点儿，叫"马后，嗨点儿",这都是好意,是有道理的。

　　"春典"是江湖隐语的一种,也叫"春点"或"唇典",就是相声界的行话术语。现在有些年轻说相声的,本事还没学到哪了,可一张嘴就喜欢"调侃",还自夸是"满春满典",这就是舍本逐末,很没必要了。

4 弹弦未果学京戏
修道不成说相声

再说为什么我父亲叫道号呢？我慢慢跟您讲一讲。

唱连珠快书得有弹三弦的伴奏，我的爷爷就会弹弦，我的大爷爷李益山弹弦更好，当年还给单弦大王荣剑尘老先生弹过三弦，您指这个吃饭。

我爷爷希望我父亲也学弹三弦。学三弦开始时非常的痛苦，得绑"指甲"（拨弦的工具），拿小细线把"指甲"捆在手指上，时间长了血脉不通就会发麻发胀，还会疼。你看那些老弦师的手指，手指肚都是硬的老茧。这三根老弦绷紧了，尤其给联珠快书伴奏，那一扫弦真得看手指的功夫了。

三弦上边琴头的部分好像旗人妇女梳的大头，俗名就叫"媳妇头"，中间按把位的琴颈部分叫"担子"，下面琴身蒙蟒皮的部分叫鼓子，鼓子下边还有一个绑弦的部位叫道冠，它的形状就像老道的道冠。

我父亲学三弦是我爷爷亲自来教，父传子受。爷儿俩并排坐着，我父亲一弹不上来，我爷爷也不用站起来打他，就拿三弦"媳妇头"的尖，顺手照我父亲的脑袋上"当"就一下，我父亲手上绑着"指甲"本来就疼，这脑袋上还时不时地挨磕，那受得了吗？特别疼啊，他就不愿意学琴了。

但是也不能吃闲饭啊，十多岁的孩子得有碗饭吃啊，不像

11

现在二十多岁都有工作,进工厂了,有单位,那个年头不好找工作,我父亲怎么办?他就到富连成学戏,学里子老生。北京有个最有名的戏班叫喜连成,为什么叫这个名字呢?因为班主牛子厚的三个儿子分别叫喜贵、连贵和成贵,于是科班就定名为"喜连成",社长是著名京剧艺人叶春善,他就是著名武丑演员叶盛章和著名小生演员叶盛兰的父亲。

当时喜连成打算办十期,名字都起好了,是喜连富盛世,元韵庆升平。后来喜连成改名叫富连成了,一共办了八科,喜、连、富、盛、世、元、韵、庆。庆字科还没毕业,富连成就解散了。

富连成号称中国京剧界的黄埔军校,培养出几百名非常优秀的京剧人才,涌现出好多大牌名角。您比方说喜字科的雷喜福、侯喜瑞、赵喜魁、陆喜明,连字科的马连良、于连泉、马连昆、刘连荣,富字科的有谭富英、茹富兰、茹富蕙、钱富川,盛字科的有裘盛戎、叶盛章、叶盛兰、高盛麟、贯盛习等等。

我父亲就到这个科班里头来学里子老生,就是二路老生。

在京剧原来的传统中,真正的老生只带"黑三"(指黑色的三绺胡须)。而带"黪三"("黪"音同"惨",是指花白的三绺胡须)、黪满(就是花白的满满的胡须)、白三、白满胡子的角色就是由"末"行或"外"行(也是一种行当)来扮演。

比方说《文昭关》,里边的伍子胥是正工老生,像哈宝山先生演的东皋公,曹世嘉演的姬光千岁,那算二路老生、里子老生,那时候叫末行,生旦净末丑嘛。现在一说京剧行当光说生旦净丑,不提末行了,因为末行合并到生行里头了。

生行和末行的区别,除人物性格外,基本以髯口(胡须)区分,挂三(三缕胡须)的为"生",挂满(从耳朵到嘴巴能遮盖小半个脸的胡须)的为"末"。比如《一捧雪》里的莫成。

我们有一位老相声演员常连安先生,他也是富连成的"连"字科的。后来我父亲学戏是为了混碗饭吃,不行,过去在戏班学戏七年一科,有人管这叫"七年大狱",因为要特别吃苦,还有可能经常挨打。挨打还有规矩,得趴在长板凳上边,用手抱住板凳,挨打疼极了甚至会咬板凳,所以戏班坐科的也叫"啃板凳出身"。

那个时候讲究不打不成材,不打出不来。我父亲在科班里边总挨打,每天天不亮"鬼龇牙"的时候,就要起床耗腿练早功,他实在受不了,就又不干了。

我父亲从富连成跑出来了。但是他得吃饭啊,就想辙。当时北京有几个庙比较不错,像广济寺是和尚庙,雍和宫的藏传佛教寺院,三圣庵的尼姑庙,还有一个白云观是老道庙,我爸爸就跑到白云观那出家当老道去了。

师傅给他起了一个道号叫洁尘,意思是洁净无尘,也可以说这片土地很干净,叫"洁尘"。我父亲这个道号就是这么来的。

他当了不长时间的老道,就不能再干了。因为在过去有个规矩,独生子不能出家,我爸爸是独生子,我爷爷就他这么一个儿子,我有一个姑姑出嫁了,我虽然有一个大爷李权忠,可和我父亲不是亲兄弟,是叔伯兄弟,人家庙里不要独生子,所以我父亲不能当老道了,他就离开了白云观。但是得吃饭啊,怎么办呢?他就跑到天桥说相声了。

5 聂文治开蒙撂地隆福寺
焦少海收徒卖艺天津城

有很多人知道,当时北京有很多相声场子,最有名的是天桥,到现在天桥那儿还有曲艺场子。当时在东城东四牌楼那儿还有一个隆福寺,这两个场子里有摔跤的、拉洋片的、变戏法的、说评书的、说相声的,什么都有。

在隆福寺那块儿有一个相声场子,其中有一位老相声演员聂文治老先生,我得客气点,得管您叫爷爷。您是老北京人,有个外号,恕个罪说叫"聂小眼",您就在隆福寺这儿撂地说相声。

我父亲那年十几岁,从白云观出来没有饭吃,就跟着这位聂老先生学说相声,但还是吃不饱。

因为北京在解放前仅仅是一个文化城市,没有工业,那时候的北京不像天津、上海商业那么发达,工厂那么多。北京那儿的流动人口少,我父亲在那也是挣钱太少、吃不饱,因此很多演员都往天津、上海这边移动。

聂老先生非常善良,就跟我父亲说,洁尘你别在北京干了,我这么大岁数离不开北京了,我给你指条明路,听说过这么一句话吗?"九河下梢天津卫、三座浮桥两道关",天津卫是水旱码头,那个地方很热闹,工商业发达,挣钱多,你上那块儿糊口去吧。

我爸爸说,我在这能跟您学艺,我到天津跟谁学相声去?聂老先生就说了，天津有个鸟市，就在东北角周围，那是块相声明地，有很多的相声场子，那里边有一位焦少海，是八德之一焦德海先生的少爷，他是我的师弟，在天津那块摆相声场子，他那有很多的相声演员，你就上天津跟他学艺去吧。

聂老先生亲自写了一封信，叫我父亲拿着这封信，从北京到天津找到了焦少海。焦先生一看这封信，是文治师哥写来的，就说好吧，那我就把你收下。就这样，我父亲就在天津拜师学艺了。

听我父亲说，他离开北京是民国十五年，1926 年，那天正好是北京通有轨电车，还说那天拉洋车的罢工示威，把电车都推倒了，因为怕通了电车，拉洋车的就没活干了。

说起来北京开电车的教练还是天津的技师，因为当时天津已经有了电车了。天津电车是 1903 年动工，1906 年通车，第一趟是白牌电车围城转，后来从北大关延长到海关是黄牌电车，又延长到老龙头是蓝牌电车，又过大口是红牌电车。日本投降以后，从金刚桥那铺上轨道，又来了个紫牌电车。后来商业区发达了，从劝业场到西开教堂又开通了绿牌电车。

因为有聂老先生的许可和推荐，我父亲当时就拜焦少海先生做师父了。不过那时候焦少海先生已经收了好些徒弟了，其中大徒弟非常有名，叫赵佩茹，他原名赵宝琛，是满族人，他原来姓满族的"肇"，后来改为汉姓的赵了，他跟"小蘑菇"常宝堃先生是一档买卖(即搭档)。他这佩茹的如字本来没有草字头，后来出海报为了和常宝堃先生的"小蘑菇"相称，就给加了个草字头了。

李伯祥的父亲李洁尘与赵佩茹(左)

　　赵佩茹先生在他们那一代相声演员当中是大师兄,被师弟们尊为门长。我父亲比他大一岁,我父亲属牛的,赵佩茹先生属虎的,他们两个人互相客气,我爸爸管他叫师兄,他管我爸爸叫大哥。所以,两个人非常相好。后来,我又拜赵佩茹先生为师了,我怎么拜的呢?我得慢慢跟您说。

　　当时我跟赵先生还没学艺,很抱歉,那时候还没我呢。咱们一点一点的说,反正后来我是说相声了。我爸爸那年也就十多岁,我师父当时也十多岁,在焦少海那块地上,还有一位刘宝瑞先生,一位张星五先生(绰号"白菜张"),一位刘聘臣先生,还都是十多岁的小孩。他们都在一起学艺,后来我父亲跟赵佩茹先生两个人就非常要好。

6 百日认师有门户
四岁随父跑江湖

我父亲是在天津结的婚,我母亲叫张世鸣,是天津葛沽人,我姥爷是个卖粮食的商人,也会弹弦,我有个舅舅叫张世鹏,有个姨母叫张世兰。

我的原籍是北京,可我是天津生人,我出生在南市四篾里,现在我写户口,一问原籍,我得写北京,我的子女们现在都写天津。

我出生一百天,过"百岁"的时候,常宝堃先生(艺名"小蘑菇")、赵佩茹先生、刘宝瑞先生都来给我父亲道喜,我还有一张过"百岁"时拍的相片,因为没穿衣裳不好意思给您们看,我就自己收藏吧。

当年那个时候我还小,也没印象,是后来听我父亲说的,我父亲指着我就跟赵佩茹先生说,这个小小子,如果将来他要是干别的工作,他当总统、当军长最好,我就不管了,如果他要是说相声,可就是你的徒弟了。

据我父亲说,赵佩茹先生非常高兴,说只要这小小子长大了说相声,那就是我的徒弟了。当时常宝堃先生也在场,还自告奋勇说要给我做保师。

可遗憾的是我既没当上总统,也没当上将军,后来果然就只能说相声了。

我家后来搬到河东地道外,那个地方有个大钟表,人们就叫郭庄子大表。

我下面还有个弟弟,没留住,夭折了。

我弟弟属大龙的,比我小两岁,他叫德才,据我母亲说我弟弟长得比我白,比我俊,我母亲比较偏疼他。他三岁时出天花,那年头卫生条件不好,家长也不懂什么医学常识,我弟弟出天花没能闯过去就夭折了,我妈说当时正赶上院里有家邻居办白事摆酒席,可能是来来往往的人多给传染了病菌了。可那时的人迷信,就说我弟弟是被"扑着"了,就是被什么妖魔邪祟的冲撞了吧。

我还记得当时我正在出水痘,看着弟弟一下倒在地上就不行了,我母亲当然很难过啊,有邻居提醒,说看看这大的吧,我母亲才强忍悲痛又来注意我。

这样我们家就留下我这一条根,现在我快八十岁了,有俩孙子,一个外孙女,还有一猫。

我究竟多大说的相声呢?我是六虚岁,实际上那年我是五周岁,我是1938年生人。大约是1943年的时候,正是日伪猖獗的时候,天津也不例外。我听我父亲说,那时天津更紧张,买不着面,常宝堃先生有一回演相声,讽刺日本鬼子,说花好多钱买了两袋面,就是袋小点——牙粉袋儿。常先生从场上一下来,就让特务给抓宪兵队去了。

买不着面怎么办呢?得想办法呀,有人说江南那边活泛一点儿,能够吃得着白面的馒头。天津有几位相声演员去试了,有我的师叔冯宝华,还有刘宝瑞先生、冯立樟先生,这些演员都跑到江苏徐州卖艺去了。

后来冯宝华先生给我父亲捎来口信，说徐州挺好的，您到这块儿来作艺吧。1941年，民国三十年，我爸爸就带着我去了，那年我虚岁四岁。

我去徐州的那年还挺胖的，是个小胖小子。全家人坐火车到了徐州下火车，我比他们都方便，我不用从车门下车，因为我站在椅子上，车厢窗户那么大，天津说相声的冯宝华先生，站在站台上，从窗户里就把我抱下车去了。

多年以后冯宝华先生一见着我就说——小伯祥，他叫我小伯祥，当年是我打窗户眼里头把你给接下来的。我和他逗，说叔您再抱我一回吧，他乐了，说我打你个兔崽子，我抱得动吗？

虽然说那年我很小，但这个事情我还有印象，我确实记得是，冯先生把我从窗户那儿接下来的。

我四岁到了徐州，还没有说相声，没有学艺，因为太小。徐州的南关有一个地方叫金谷里，好像北京的天桥、天津的三不管儿、鸟市这样的一个场所。现在这个地方恐怕还有，当时就是一块空地，只是前头有一面墙，四外就都没有墙了，墙上有一个大门，门上面用洋灰（水泥）抠了三个字——金谷里，下面还有三个字——娱乐场。

进了门怎么走都行，里边地方很大很热闹，有说书的、唱戏的、打把势卖艺的、卖膏药的、拉洋片的；有小饭馆、小戏园、小旅店、小照相馆、小理发店，连派出所都有。

金谷里中间有一块空地，摔跤的、卖大力丸的在那卖艺，最早叫撂小地儿，上面搭个布棚子，底下摆着凳子，还有桌子。

有这么一位老先生在那块撂地，就是我们的前辈，山东快书大家高元钧先生，他在那唱山东快书。山东快书原来总唱武松的故事，因为武松个子高，在家行二，所以山东快书原来叫唱大个子、唱武老二的。

高先生有两个优点，一个是净口，不像有些唱大个子的说荤口的段子，说明他自尊自爱，对艺术精益求精负责任；第二个优点，我怎么说的相声呢？就因为高先生的第二个优点，因为他特别义气，能团结相声演员，凡是天津、北京去的相声演员，像刘宝瑞、王世臣，包括唱快板的王凤山先生，都去投奔他。

以后冯宝华先生和我父亲也去了徐州，都能在他那个场地里头说相声，最后散了场之后，大家分钱，一天一分，帮着大伙有生路了。后来人多了，他又拿秫秸秆搭了个棚子，里面挂上汽灯，这样大伙白天撂小地儿，晚上在棚子里说，就能多赚些钱。

高元钧也能说相声，他是山东快书和相声两门抱。而且他相声门也有老师，是"老蘑菇"常连安老先生。

7 当年号神童 晨光开台仅六岁
如今称老兵 济南重游已八旬

　　我那段时间就长在高元钧先生的场子里，后来我到了六岁，就是1943年左右，我一个小胖小子，总在这场子里头，天天听、天天看，有时也能跟着说一段相声了，每天还必须要拿着一个小筐箩，向坐在板凳上的观众去要钱，说我们的行话叫"托杵"，那时候听一段相声也就几分钱。

　　我是个小孩，大人们就让我拿着筐箩，跟着大伙一块上观众那敛钱去，大人们还教我：表演的一说到"谁是爸爸"，就让我搭茬喊"我是"，找便宜呗，观众就乐了，大伙一看这小胖小子挺好玩儿，给钱就爽快了，有时候还多给。晚上要是一分账，比如说今天一个人分四五块钱，剩下个块八毛的零钱，那就是我的了。

　　这样我就有钱吃个早点，吃个包子、买个茶鸡蛋就都行了。大人们一看，说要不这样，让他也跟着一块说吧。我说不了大段，只能跟着老演员们一起，说个三四个人使的段子。

　　我就使点儿小孩哏的活(段子)，比如《才来》：

我的词(甲)是：先生，你才来啊？

捧哏的(乙)说：啊，才来。

甲：买卖好？

乙：买卖好。

甲：你发财呀？

乙：发财。

甲：混得住啊？

乙：混得住。

甲：混着吧，混了一年还照旧，时光更改胜似从前。

乙：谢谢你吉言。

甲：闲了说话，晚上喝茶。

乙：得嘞。

甲：我走了，不要送。

乙：这小孩真不错。

然后一拍醒木又来了，

甲：才来啊先生？

乙：你不刚说完了吗？

甲：才来啊？

乙：哎，才来。

甲（说着说着就胡说八道了）：你妹妹好，你买卖好啊？

乙：买卖好。

甲：我舌头坏了，哎你发……财了吗？

乙：大喘气。

甲：你混账吗？

乙：你才混账！

甲：你混着吧，你混了一年，你是我舅舅。

乙：我是你舅舅？

甲：你还照旧，时光更改，你给我八块钱。

乙：凭什么给你八块钱啊？

甲：贤侄你说话。

乙：这什么辈儿啊？

甲：闲着说话，晚上上我那喝尿。

乙：喝尿？

甲：我那是童子尿。

乙：那我也不喝。

这就是歪的，翻包袱找乐儿。大人就不能演这种段子了，因为小孩演这个段子，大伙认为他天真可爱，还谈不到拿伦理占便宜，要是三四十岁了还站在那拿着伦理找包袱，就有些不礼貌，会让看客反感了。

我小的时候就常说《才来买卖好》这种段子，还有《反七口》《翻四辈》这些活，大多是凭伦理哏找便宜逗乐的。有时也说个笑话，那个时候不是上台，那叫撂平地。这么着，一点一点的，我就在相声场子里头学了艺了。

我小时候胆子大，上台不紧张。还感到好玩儿，我从那开始，就进入了相声的宝库。以后由于观众们对我的鼓励，我成了一位比较合格的相声演员了，这里面还有好多可说的故事呢。

对于相声来讲，北京是发源地，天津是发祥地，济南是发展地。前些日子济南晨光相声大会给我一个聘请书，聘请我当顾问，编号是 0 号。这是因为 1943 年 9 月 2 号下午一点，晨光开业，我给说的头一段相声，算是给晨光相声大会"开台"，这在京剧舞台叫"破台"。当初天津的中国大戏院落成，就是京剧名家马连良先生"跳财神"给破的台。

那时候讲究吉祥，必须得有个童男子说相声，我那年虚岁六岁，是童男子，我那年肯定还没谈恋爱呢。在我后面演出的都是好角，有刘宝瑞、孙少林、冯立樟等人。

虽然我在场地上学会了几个小段，观众还很喜欢我，还送给我一个外号"小神童"。可那天"开台"要说一段整段，说的段子是所有几百个相声段子里的大师哥，叫《六口人》，童男子说这段相声最吉祥。那年我六岁说《六口人》，这叫六六大顺。开业前还放炮，很热闹。我穿个小大褂，铜纽扣，我父亲给我量活，我拿他找便宜，那观众能不乐吗？我个子太小，比桌子高一点，就拿个凳子让我站在上边说的。

1943年，六岁的李伯祥说完《六口人》后，父亲奖励狗不理包子观众很欢迎。我父亲也高兴，还给我买了狗不理包子奖励我。

到现在还落个话把，我济南的师弟孙小林说："当年晨光茶社的'开国元勋'现在大多作古了，如今晨光的元老就剩下您了。"拿我说古了。还给了我一个聘书，一个荣誉证，说以后晨光有关历史性的学术会、讨论会您一定得参加，您是历史见证人啊。

我也很感慨，一晃七十三年过去了，当年晨光开业时的老前辈都走了，只剩下我这么一个没多大出息的、还在吃国家粮食的老徒弟了。

当时在晨光的演员——当时不叫大蔓儿，那是后来这么叫，当时叫相声里的"大将"，说明他们能征惯战呐——我记得有量眼大家李寿增，有高德光、高德明，有孙少林、刘宝瑞，这都不得了啊，有寿字辈的高桂清，就是冯立铎的师父，有我父亲李洁尘，还有袁佩楼、王树田、郭全宝、郭宝山等人。

晨光的曲艺园子是大观园的产业，出资人是相声演员孙少林的母亲，老太太也是天津人，她花了一笔现大洋把园子租过来，再买木料装修舞台，买桌椅板凳，到现在晨光用的桌椅还是当年的。负责业务的李寿增是孙少林的师父，是晨光相声大会的总管家，当时也叫"穴头"，他是"掌穴"的。

1943 年 9 月，李伯祥与父母在济南大观园合影

我在幼小的时候说相声打下了基础，到后来不断添金，就是镀金啊，大部分是在济南晨光相声大会。我今天能够有一点点的艺术成就，也非常得益于济南晨光，我是吃水不忘淘井的。

晨光相声大会有规矩，不该你说的段子不许说，比如说《醋

25

点灯》《财迷回家》，你不够年龄，不许说这样的段子。

我就使劲听，老先生他们谁有好的，我听谁的，听完了我就都把它记下来了。那时候我脑子好，听几遍就能记住了。虽说我当时不能用，等我长大以后根据记忆再恢复这些段子，可以说这些段子为我以后学习相声提供了很大的营养。

有的贯口我自己学不会，就得请老师教，比如《打白狼》，就是我师父一句句教给我的。你像这电报文怎么念，命令文怎么念，比方说"要打白狼，我是讨逆军总司令，明天我要到南苑广场阅兵"，这个我要咨询，因为我没赶上那时候，我师父就告诉我，南苑在北京。

说到"率领我部下的八大处"，我不知道何为八大处啊，李寿增师爷就教我：告诉你小子，军队里过去的八大处有参谋处、副官处、军医处、军需处、军械处、军法处、庶务处、秘书处。这都是我随时听着随时学。

有了这个大梁子了，我就不断地再丰富它。老先生们都喜欢我，我哪点儿说的不对他们就指点我，我就跟他们学。有一个段子叫《朱夫子》，现在这个段子没什么人会量了，我知道天津的刘文步会量，他有老底子。

《朱夫子》里说有个老师没有本事，怎么办呢？就给学生放假，礼拜六放假，礼拜天放假，媳妇生日放假，老师生日放假，初一、十五放假，三大节得放假，还不行怎么办呢？一年二十四个节气都放假，我背得上来啊，有立春、雨水、惊蛰、春分、清明、谷雨、立夏、小满、芒种、夏至、小暑、大暑、立秋、处暑、白露、秋分、寒露、霜降、立冬、小雪、大雪、冬至、小寒、大寒。

这段完全是李老师现场背给我听的,清晰流畅,丝毫不乱,可见基功的扎实。我感叹说我们要算节气得按照"春雨惊春清谷天"的口诀去捯,可不能像您这样脱口而出的背出来。后来我查资料,发现文本上有两个节气居然写反了,而李老师背的是正确的。(执笔者注)

这是谁教给我的呢?李寿增师爷,您说你既然说到这了,你就得背出来,得当贯口来背,观众就爱听。记住了,一个季度六个节气,这么背就好记了。这就是真材实料,老先生们给我的是真东西。这些老资料都是口传心授,因为当时我不认字啊。

经过几年的学习之后,我学了几个段子,比方说《六口人》《反七口》《翻四辈》《家堂令》,这些比较适合小孩、孩童们说的段子,我都学会了。慢慢地就长到八九岁了,这个时候国家又出了个大喜事,万恶的日本鬼子投降了。

8 日本投降举国庆
"胜利还都"到南京

　　日本鬼子一投降,南京光复了,蒋介石也从重庆回到了南京,不用我多说,观众也都知道这段历史。不打仗商业就相对发达起来了,相声演员是这样,哪挣得多一点就往哪走,这叫哪好往哪跑。刘宝瑞、冯立樟他们就都上南京了。

　　南京有一个聚集什样杂耍的场地,在夫子庙前边有条贡院街,这个夫子庙类似咱们天津的三不管儿和北京的天桥,也是集中了说书的、唱戏的、打把式卖艺的、卖大力丸的,还有拉洋片的,那里也有很多的相声演员。在我的印象当中,其中有几位演员,顾海泉是北方人,还有一位叫韩信泉,艺名叫韩歪子,另外还有北京的单长平、苏子琪、钱天啸,很多说相声的都在南京那块,那块很挣钱。顺便题外插花,我再说一说相声演员与时俱进的力量。

　　我们相声有一个传统段子叫《打白狼》,是民国初期的,最早这个段子是出在太平天国那个年代,叫《南征梦》,又叫《得胜图》,说我们的术语叫"大黄梁子"。这是个功夫型的段子,也属于历史型的段子,我的师父赵佩茹先生说得最好。这个段子我也会,将来有机会跟观众见见面。

　　抗日战争胜利后,有位老演员单长平先生,马上又写出一段相声来,叫《胜利还都》,就是按照《打白狼》的框架改编的,写怎么打的日本鬼子，直到取得胜利，很受老百姓欢迎。

当时在一家报纸上还有一副庆祝胜利的对联，到现在我还记得，上联是"中国捷克日本"，下联是"南京重庆成都"，用国名对地名，说的是抗日胜利的事，很巧妙。

还有一段太平歌词，叫《南京大屠杀》，揭发日本鬼子在南京犯下的滔天罪行，可惜我太小了没记全，我知道有这么几个段子。

打败日本鬼子，我们胜利了。日本鬼子一投降，天津的相声演员也马上响应，也创作出很多抨击日本鬼子、批判日本军国主义的段子，其中有一个书词，就是定场诗，相声演员跟说评书的似的，一开始拿醒木"叭"一拍，要说四句定场诗。这个定场诗是这样的："恼恨当年秦始皇，徐福飘海下东洋，从此留下冤孽种，强词夺理太平洋。"

这四句书词讽刺了日本侵略者，让老百姓觉得解气。这四句书词说得最好的，就是我们天津的一位老演员冯子玉先生。他拿天津话说这个定场诗，听着又爽快又解恨。

冯子玉最早是干什么的呢？我们相声界里有一位李寿增老先生，他们老哥俩是搭档。李寿增先生最早是铁路司机，开火车的，冯子玉老先生是司炉，拿大铁锹烧火的，这二位都热爱说相声，后来就都下海说相声了。

南京夫子庙的业务收入很好，我父亲就带着我继续在那个场地说相声，见到了很多的相声老演员，跟他们一块说相声还能学艺。这时候我就不拿零钱了，就拿份钱了，拿三厘份。

相声场子最早是在平地说相声。后来怎么又登上舞台的呢？因为当时的南京是很繁华的所在,在夫子庙左边有一条街叫贡院街,现在这条街还叫这个名字,是过去科举考进士的考场。这条街怎么个热闹法呢?商店多,好像天津的和平路、滨江道、荣业大街似的,街里边有商店、酒店、饭馆、越剧场子、京剧场子、台球厅、歌舞厅,当然,那个年头我才八九岁,我是不喜欢去歌舞厅的,我现在这么大岁数,我也不愿意去,个人有个人的爱好。

这条街很热闹,其中就有这么一个场子,能坐四五百人,叫金谷戏茶厅,就像刚才我说的徐州的金谷里,它其实就是个剧场,就像现在的某某俱乐部,它就是个小戏园子,可不演京剧,也不演越剧,而是演什样杂耍,这是当时对曲艺的统称。这里边有很多的北方的曲艺,像梅花大鼓,当时有个天津人叫肖玉兰在那唱,还有一位小兰英,还有一位叫张翠凤,是京韵大鼓名家,正宗的刘(宝全)派大鼓。

没有相声怎么办?后台管事的经理是北京人,叫王文华,他跟刘宝瑞最好,他到各个小场子里找说相声的。当时虽然有不少相声演员在南京说,可就算有北方人,多多少少也挂上一点南方的口音,习惯成自然嘛。这句话绝对没有其他的意思,就说我,我原籍是北京,现在有时候在家里头一说话,我天津话也会溜达出来,这就是习惯了。

因为我父亲是北京人,王文华经理找到我父亲说,你到我的戏茶厅说相声,我多给你钱,那个时候叫拿包银。拿什么核价呢?拿白面核价。因为当时物价不稳,说钱是没准谱的,我父亲就说:要是这么着,我可以到你那演出去,但是相声得两个演员，我一个人演不了，你给我找一个逗哏的也行，找一个捧哏的也行。如果暂时叫我去，我这有个"小拐棍"——所谓"小拐棍"说的就是我——我这个小孩今年九岁，他会几段相声，我先带着他上你那演出去，我一边演着，你一边给我找着搭档，你如果给我找着一个逗哏的，我给他捧，你找一个捧哏的，我给他逗。

这个方法挺灵活，经理就同意了，答应一个月给我们爷儿俩六十袋白面，那时可就是不少钱了。我跟我父亲就离开夫子庙来到南京贡院街的金谷戏茶厅登台演出，我就这么从撂平地到登上了舞台。

戏茶厅是个剧场，不是打子儿（打零钱）收费了，也不卖票，是收茶位费，按位收钱。

刚一上来我跟我父亲说相声"攒底"，过了些日子唱京韵大鼓的张翠凤来了，那时的规矩都是京韵大鼓攒底，就把我们爷俩升为"倒二"了。张翠凤当时很有名，正宗的刘（宝全）派大鼓，后来去台湾了。

到了戏茶厅我们就感觉出和撂地不一样了，好像有些大雅之堂的意思了，人家给我们包银了，还按照撂平地使活的路子说相声不行了。小孩逗笑的段子一天两天行，长期下去不行，必须得拿一点儿功夫型的段子了。

我那年虚岁才九岁，你让我说那些婚姻的，或者说那些历史题材的也不像啊。怎么办？就得让我学贯口的段子，大段的排比句，适合年轻人，但学起来很难。我父亲就给我日夜加工，让我学这种功夫型的贯口段子，像《八扇屏》《地理图》《报菜名》《戏迷药方》这类段子，每天背大段的排比句，我受的那个罪呀就大了去了。

9 为吃饭 苦练《报菜名》
受欢迎 获誉"小神童"

　　每天早上一起床,我父亲给我过(教)《报菜名》,说今天给你过六十句,到下午必须给我念会了,因为得用啊。我记得我是不到三天学会的《报菜名》。记不住真打啊。要不就是罚跪,跪搓板,搓板一棱一棱的硌着多疼啊。我母亲心疼我,有时趁我父亲不注意,就把搓板翻过来,让我跪平的那面。

　　我当时小,心里就特不服气。我当时特别羡慕别人

1941 年李伯祥与父亲合影

家的小孩背着书包去上学,我就问我母亲:别人家的小孩都能上学,你们不叫我上学,怎么叫我说相声还打我呢?我妈一听这话也难过了,安慰我说:"宝贝儿,你就是这个命啊!"

　　我妈就是旧社会的一个家庭妇女,也没什么文化,没法解释,只能说这个话来回答我,让我认命。

　　我说了一段时间相声,观众一看这么点儿个小孩脑子这么好,这不"神童"吗!就有观众给我起了个外号——小神童。

10 《三节会》 节节难过
"一脚仇" 耿耿于怀

就这么着在剧场里维持了好长一段时间,我演的段子还是不够用。正好就在贡院街的对面,还有一家戏茶厅,叫金门戏茶厅,当时那个场子也演什样杂耍,在这个戏茶厅里表演的相声演员是谁呢?是我的义父刘宝瑞先生,还有我的四叔高元钧先生。我父亲跟刘宝瑞先生在这个地方又见面了,见面之后,因为我会的段子比较少,我父亲就把刘宝瑞先生请到家来,请他把一些功夫型的段子教给我,其中就教我一个贯口里边最难的段子,叫《三节会》,又叫《开粥厂》。

我小的时候管刘宝瑞叫叔叔,后来我拜他作义父,他是我的干爹。我是跟他学的这段《开粥厂》,就是《三节会》。在学的时候我受的罪可是不小,吃苦也很多,甚至我学着学着我想报仇,我想打这两个老头儿。

现在说起来是个笑话,可当时我幼小的心灵当中有这种幼稚的想法。因为我学《开粥厂》时太困难了。难在什么地方?它不像《报菜名》,那个《报菜名》就是我请你吃菜,就那一条主线,我请你吃"蒸羊羔,蒸熊掌,蒸鹿尾儿……"也不像《地理图》就是背地名,"出德胜门,走清河,沙河,昌平县,南口,青龙桥,康庄子,怀来,沙城,保安,下花园……"

这种不容易变、不容易改的好背。《三节会》不行,它说的是一个善人开粥厂施舍,到了端午节我给什么东西,到了八月节我给什么东西,到了腊八我又给什么东西,到了腊月二十三祭灶我给什么东西,到春节过年了我给什么东西,它不一样。而且这么些东西又绕嘴,这个半斤,那个四两,这个一对,那个两串。所以说这个段子难度非常非常大。

我的父亲跟刘宝瑞先生最要好,宝瑞先生这个段子拿手。过去的相声演员,特别是这些老一辈的,他们有很多优点值得肯定。过去老演员互相之间都服气,他们是互相尊重,你的本事我赞成,我的功夫你赞成。其实我爸爸也会说这段《开粥厂》,但他感觉自己没有刘宝瑞先生说得好。刘宝瑞先生他也说过:"这段《新搬家》我说不过李洁尘,这段就他说得好,这段《打砂锅》人家冯立樟比我说得好。"当年张寿臣听了李少卿的《柳罐上任》(新中国成立后改编为《糊涂县官》),就说:"师弟,以后这段我不说了,我说不过你。"

《三节会》这段相声我父亲认为刘宝瑞说得好,我父亲就把他请到我家去,他们两个人坐在椅子上,喝着茶,抽着烟,我就站在旁边,刘宝瑞先生一句一句教我《开粥厂》(《三节会》)。既然是《三节会》,第一个节那就是端午节,端午节就是宝瑞先生一次教给我比方说有三十句,明天来验收。这三十句会了,就算行了,如果中间忘了,提醒,哪句错了再来。那个时候也没有本子,都是口传心授,就是他一句一句教,我一句一句学,全凭脑子死记硬背,这是童子功,我们说相声的讲话叫"娃娃腿",所以到现在我还能够记得。

我就跟您念叨念叨这五月节都给什么东西吧,有"江米粽子一人一百,神符一张,一碟黑桑椹,一碟白桑椹,一碟带把甜樱桃,山樱桃一蒲包,大杏二百,蒲子六把,艾子六把,雄黄四两,五毒饽饽四盒,玫瑰饼、藤萝饼一样五斤,山海关汽水两打,两打仁丹,两打双妹花露水,还有三十五斤黄花鱼,臭了还管换"。这是我九岁时学的,我今年虚岁八十岁,已经七十年了。

这个是五月节,当然了,后边还有八月节的,还有腊八的,还有二十三祭灶,最难背的就是那个过年,那要超过这五月节的若干倍。刚才我不是说了嘛,如果说头一天教给我五十句也好、六十句也好,明天验收,三次你要不行,那他就不客气了。有一次我背了三次还忘,宝瑞先生就发脾气了。抬腿就给我一脚,"又忘了你,你这孩子太不争气了!""当"这一脚把我就踹到门那边去了,我含着眼泪打门那站起来之后,在我的内心当中就产生了一种复仇的心理。

当时我最不理解的是什么呢?我爸爸他不但不生气,而且他还感谢刘宝瑞,这使我奇怪。中国人有这么一句话:打仗亲兄弟,上阵父子兵。他踹我一脚,你应当给他一嘴巴,可我爸不是,反而满脸赔笑,说:"兄弟你喝茶,你别跟他生气,这孩子得好好教育,得好好管,你这么做太对了。"那个意思还非常感谢他。

我纳闷,我时候小,那年虚岁九岁,你们俩在那抽着烟,喝着茶,摆着谱,我这么点儿小孩我站在这背段子,晚上我上金谷戏茶厅演出,我帮着你们挣钱养家,我怎么这么倒霉?行,君子报仇十年不晚,从我幼小里头就产生了一种复仇的心理,这俩老头一个是我爸爸,一个是我这干爹刘宝瑞,将来我长大了,得好好的拾掇拾掇你们。因为我小的时候就喜欢踢足球,喜欢摔跤,别看当时我八九岁,我会摔跤,门口小孩都摔不过我。我就想等我长大了,一人给你们来一挑勾子(摔跤术语),要不一人来一得合勒(摔跤术语),我臭打你们一顿,我报一报你踹我这"一脚之仇"。

京剧里不是有一出戏叫《一箭仇》吗?在我心中就记住了这个"一脚仇",可是现在我这说着说着我就乐了,我当时太幼稚了,到底是小孩。后来等我成年之后我就明白了,感到我当时的想法很好笑。

后来我又听我爸爸说,也听一些老演员说,比如我的师父赵佩茹,我最崇拜的李寿增先生,我把小时候这事和他们说过,那个李寿增先生也是天津人,相声行里是我的师爷,他跟我说:"宝贝,人家刘宝瑞那是给你饭!好像你这个饭碗里头这饭太少了,人家刘宝瑞先生那么严厉对待你,是饭碗里头又给你加点儿米,或者是又给你加点儿调料,你爸爸不能跟人家翻呲,你爸爸跟人家翻呲那不外行了吗。"

我慢慢明白过来,人家这样确实是给我饭吃,叫我扎功底,扎得瓷实,夯得更瓷实。所以说,我虽然没有太大的本事,但这些贯口的相声段子,所谓的功夫型的段子,到今天我忘不了,才能得到我们天津、北京、南京、上海、济南、石家庄、大连等等城市的观众们对我的认可,这是人家刘先生老前辈给我的艺术,给我的饭,这不是仇,应当是恩!应当得感恩。提起这些老先生们,我得站起来鞠个躬,谢谢他们严格地管教我,给我的这些艺术。

俗话说棒打出孝子,娇养忤逆儿。后来这段《三节会》在棒

37

打的情况下，我一句一句地学会了。刘宝瑞先生，包括我父亲，这么用心教我，使得我这个段子到现在使出来还比较顺溜，演出来没有什么崩挂掉字的。那观众眼里也不揉沙子，一看这么点儿个小孩，这么个大段子说得还挺熟，就都给我叫好。

11 严父授艺恩威并用
慈母疼儿进退两难

那时我爸爸给我量活，我说这个段子，我爸爸就对我说：你如果头一遍跟我演这段相声，忘了的话我不打你，我给你提醒，就是我给你说一句，你就想起来了；第二遍忘了我还不打你，忘三回了那就要严重警告你了，你可忘了三回了；等到第四遍再忘了，那你就太不用功了，太不用心了，那可就得打了。这是他告诉我的。

比方说我演头一遍，有的时候也忘，我父亲就按照他的许诺给我提醒，因为这个段子它确实难背，上次我背的是五月节，这八月节更绕嘴，那么八月节您都施舍点什么东西呢？我跟您再强调一遍，这是我九岁学的，我今年虚岁八十了，过去七十年了，要是我忘了的话，您可别打我。

"八月节就不给粽子了，中秋节，五斤一个的团圆饼，每人给俩，月宫码一张，白素锭一股，大双包一对，鸡冠子花一把，毛豆枝儿一枝，白花儿藕一枝，白月饼十五斤，红月饼一个，三十自来红，五十自来白，蜜桃、苹果、石榴、柿子、槟子、白梨、虎拉车一样五个，甜梨、沙果、沙果梨，一样儿五十个，一斤樱桃枣，二斤杂杂枣，二斤红葡萄，半斤白葡萄，三白的西瓜一个，老白干儿、状元红、玫瑰露、莲花白，八斤半的河螃蟹，这么大个儿，满要活的！"

您听着这是好听，可背起来太绕嘴了，这个四两，那个半斤，那个一斤半，我才八九岁，我绕不过来啊，最后还得"八斤半河螃蟹，大个团脐"。底下的观众不是傻子，人家全懂，看我这么点小孩背贯口还挺溜，就给我鼓掌。但是你看我现在背得比较熟，头一天使这段时我还真忘了。

我爸爸就问到这块，中秋八月节你都给什么？"五斤一个团圆饼给一对，月宫码一张，白素锭一股，大双包一对"，大双包就是过去点那蜡烛，有大双包的，有小双包的，到这"大双包一对，大双包一对……"背两遍，卡这了，我父亲他是个老演员了，这时候就给我提醒了，"那么您还给两份？您是不是八月节也给鸡冠子花啊？"

这就好像我蹦高过不去了，他垫我一把我就过去了，跟这个意思一样。当时我就接下来了，"大双包一对，鸡冠子花一把，毛豆枝儿一枝，白花儿藕一枝，荤月饼一斤，素月饼一斤，三十自来红，五十自来白，蜜桃、苹果……""嗒嗒嗒嗒嗒嗒"我就背下来了。背下来之后，观众听不出来我是忘词了，还给我鼓掌。

这回我父亲不但没打我，还给我买了茶鸡蛋，还有小吃，足吃足喝，奖励我。

还有一回说《开粥厂》我是真忘词了，真挨打了。我忘词了，我爸爸说行，我在后台不打你，回家再说，在后台一打孩子，大伙一劝就打不了了，我当时吓坏了。过去的演员特别守规矩，晚上回家不打孩子，晚上回家要一打，邻居来了劝架，怕吵了街坊睡觉，得第二天早晨起来堵在被窝里头，把你抻出来一顿"开锅烂"，所谓"开锅烂"就是说他拿那个"腰里硬"的皮带打我屁股，

40

也不是胡打。比方说我真忘了,我爸爸拿大棍子给我开了,那也不行,那成了闹事的了。

就是说你记住了吗?记住了吗?下回叫你注意。有的时候我母亲赶到劝劝,给我讲讲人情,我爸就不打了,让我旁边冲墙那跪着去,跪在墙那把这个段子再给我背三遍。总而言之,我学《开粥厂》这类段子,可是没少受罪。

12 九龄童拿"整份"养家糊口
八方客送"心意"苦尽甜来

我在南京待的这一段时间，很多观众对我是非常非常的欢迎，不光欢迎我一个人，还包括张翠凤老师，还有小兰英老师、肖玉兰老师。我受欢迎是什么原因呢？因为我太小，段子演的还不错，不但是《开粥厂》这个段子，我还会一些其他的段子，那个时候我才八九岁。可已经拿"整份"的收入了。

当时观众就拿我当小顽童，有的时候看我特别卖力气了，观众还给我买点儿好吃的，给我买过糕点、水果，甚至于有一回我说段子太卖力气了，有一个老大爷还给了我一个金戒指。我到现在还记得。

还有人给我红包，但是红包究竟有多少钱我也不知道，我爸爸都收起来了。当然了，他收起来是收起来，完事也给我买好吃的。总的来讲，观众非常非常的懂道理，你只要是不糊弄他，你好好卖力气，不管你是哪个演员，他对你都有鼓励。

就像现在一样，我们演员在台上一卖力气，观众就给你送花篮。一个意思。

那个年代作艺的人员流动性大，在一个城市不可能待长了。那阵不管是唱戏的还是说相声的，都是这个城市仨月、那个城市半年，得轮换着演出。我在南京大概待了有这么一年左右，为我后来的舞台演出打下了牢固的基础。后来由于合同期满了，我跟我父亲又回到了徐州。

13 南晨光 北启明 名震南北
三尺台 三宗宝 内藏乾坤

转过年来是 1948 年，这个时候按虚岁来讲我就 11 岁了，1948 年春天，济南有一个相声大会，叫晨光茶社。现在您到济南去，在大观园里头这牌子还有，晨光茶社出了不少相声高手，人称相声人才的摇篮。

我就靠我的记忆说一说。在过去演相声一般都是撂场地，当初我父亲就在北京隆福寺撂地，后来到天津的鸟市，撂场地也叫撂平地，随着社会的不断发展，演出条件不断提高，就进入剧场了。也就成立相声大会了。

后来出来两个最有名的相声大会，第一个就是在北京。北京的相声大会叫启明茶社，地点在北京的西城区，西单北边，那有一个商场，叫西单商场。西单商场的二楼有这么一个小园子，能容纳二三百观众，不再是撂地了，有舞台了。

这跟天桥隆福寺就不一样了，在这个地方演出，虽然也是一段一要钱，不过规范多了，台上要摆场面桌子，演员不许奇装异服，要求穿大褂，把头梳干净了，不许斜眉瞪眼，得规规矩矩地说段子。

这个剧场的创始人立了功了，你想知道他叫什么名字吗？这是我们一位相声届的老前辈，是我的师叔常宝堃先生的父亲叫常连安。他最早是个京剧演员，他在北京喜连成坐科学过京戏，喜连成后来改叫富连成了，您看说到这儿，可能有人认为我老李好多说，可是要不说清楚了，我怕大家对我有意见。

常连安先生在富连成那儿是连字科的，学里子老生，后来嗓音失润唱不了戏了，就改行变戏法、说相声了，在天桥、隆福寺撂小地儿。后来张寿臣先生代拉师弟，他就进入相声行了。

常先生很有商业眼光，也很有发展眼光，他很想把相声的地位提高，就在北京西单商场租了一个小剧院，起名叫启明茶社，开办相声大会。

他办的相声大会把相声规范化了，要说规规矩矩的整段子，台上要摆桌子、扇子，有白手绢、有醒木，要是平地演出，一般的演员可以短打扮，穿个小褂也可以，但是要上这种台，必须得穿大褂，那个年代讲究这个。现在我们说相声也穿大褂，穿大褂不等于落后，它是一种规矩，是表示尊重观众，因为我上台了，跟平常的生活服装不能一样，这是对观众的一种尊重。

另外穿大褂还有一点好处——灵活。相声是曲艺的一种，满台风雷吼，全凭一张口，一个人能演一台戏，他一会儿演个积极分子，一会儿演个落后分子，一会儿他演一个战斗英雄，一会儿他演个犯错误的人。你要是让他穿着一身西服或者是中山服，就感觉有点儿别扭。穿大褂是个中性的，正面人物也行，不是正面人物也行，一撩袍子，好像是反面人物，穿大褂还能起到这种作用，因此在晨光茶社和启明茶社一样，演员上台穿别的衣服不行。

台上摆桌子，桌子上摆着扇子、醒木还有手绢，都有一定的作用，不是为了点缀，都是为演出服务的。

您就说这个扇子吧，可以拿它当刀当枪，比方说《大保镖》，抄起这把扇子来，就可以当枪。要是没有这个扇子，只是这么比画也行，但就不大好看。因此，有了这一把扇子就方便好多，它是相声里的道具，它不是扇凉用的。如果一扇凉倒不好，你对观众不礼貌，给人说着相声，你还扇扇子？

　　这扇子可以当单刀比划，也可以当枪，这么一扎就是枪，说这枪缨一抖冰盘大小，扎者为枪、涮者为棒，七尺为枪、五尺为棍，大枪一丈零八寸，一寸长一寸强、一寸小一寸巧，这都是我们相声老前辈留的段子，我们应当把它继承下来。在桌子上摆着这把扇子，它是道具不是玩具，它还可以模拟剃头刀来进行表演。

　　场面桌上还有一条大白手绢，我们说术语叫大幅子。这个手绢不是为擦汗用的，当然有汗的时候也可以揾一揾，但主要是为了表演方便。比方说唱《汾河湾》时可以包个头，表演女性人物，不管是古代还是现代的女性，头上拿那手绢一包，就代表是那个漂亮的美女了。再有一个，我们相声里边，有一段传统段子叫《卖布头》，拿这个手绢一抖，那就好比布头，就是道具了。

　　醒木也是道具，干什么呢？吸引观众的注意力。比方说我们两个人开始要说段子了，拿这个醒木这么一拍，这就是信号，让大家注意。也可以说完定场诗了拍一下醒木，这就是起到惊叹号的作用了，它都是有含义的，不能瞎拍。

　　醒木也叫界方和抚尺。是一块长方形的硬木，有角儿有棱儿，演员用手指夹住，轻轻举起，然后在空中稍停，再急落直下拍在桌上，让堂下人等安静下来。

过去老艺人对醒木分类有不同说法,有的说"七木归源",在评书大师连阔如写的《江湖丛谈》里,就是这种说法:"一块醒木七下分,上至君王下至臣。君王一块辖文武,文武一块管黎民。圣人一块警儒教,天师一块警鬼神。僧家一块劝佛法,道家一块劝玄门。一块落在江湖手,流落八方劝世人,湖海朋友不供我,如要有艺论家门。"

也有"九木归源"之说,分为九种。还有一种说法是"十三木归源"的,分为(1)皇帝用的尊称"龙胆";(2)皇后娘娘用的奉为"凤霞";(3)宰相用的称作"运筹";(4)元帅用的敬为"虎威";(5)知县知府用的唤作"惊堂";(6)塾师用的名为"醒误";(7)书曲艺人用的名叫"醒木";(8)当铺用的起名"唤出";(9)中药铺用的命名"审慎";(10)点心铺用的喊为"茯苓";(11)郎中用的名为"慎沉";(12)戏曲艺人用的美称"如意";(13)客栈用的叫作"镇静"。

醒木放在桌上加上斜面一共外露九个平面,所以也叫"九方"。

有一种说法,说评书是早年由和尚讲佛经说故事劝人向善发展而成,和尚募化十方,因为是评书的创始人之一,他们听评书不给钱,所以评书艺人不挣和尚钱,只能募化九方,用的是九方木。

还有另一种说法,说和尚嘴大吃八方,但听评书也得给钱。评书艺人连和尚都吃,能吃九方,所以用九方木。这都是老先生传下来的说法。

还有人问了,你们说相声的,台上为什么还要摆个桌子呢?

这个桌子的意义要远远超过扇子、醒木和手绢。比方说我们在一个小剧场,摆一个桌子,看起来作用不大,如果是在一个一千多人、两千多人的大剧场,舞台台面非常大,上去两个人往那一站,观众的眼神老得转着去找,如果有一个桌子,那是一个定点,两个演员准往那站,楼上、楼下的观众都不约而同,注意力、精神头就全奔那去了。

　　常连安先生开办的启明相声大会,培养出很多的名家大师,像常宝霆先生,我管他叫三叔,还有我师爷郭荣起先生,我干爹刘宝瑞先生,包括高德明先生、我的父亲李洁尘都在启明演出过。有很多好的相声人才都是北京启明相声大会培养出来的,因此常连安老先生对相声的发展功不可没。

14 晨光茶社藏龙卧虎
遭逢乱世忍气吞声

既然有这么一个高山了,旁边就有响应的。在山东济南,又有了一个相声大会,就是我从徐州到的那个科班,叫晨光茶社。那个相声大会不在楼上,是在大观园里面。济南有个大观园商场,他在大观园的外场,东半院有一个小园子,也能喝茶,也能在那儿游戏,可以容纳三百多人,有舞台。

负责人是我们的相声老艺人李寿增,孙少林的师父。李寿增先生最早是一位非常优秀的火车司机,外号"李大车",这是真的。那个时候铁路分天津局、济南局、郑州局,他跑到济南局就在那儿落脚了。他是天津人,原名叫李德林,爱说相声,就正式拜师入了相声门,他是张寿臣代拉师弟,后来他在济南大观园晨光茶社"掌穴",也培养出很多的相声名家。解放后他在天津市曲艺团工作,他1968年去世,到如今已经快六十年了。

晨光的主演"大将"是孙少林先生,他是天津人,是李寿增先生的大徒弟,济南晨光相声大会是他母亲花钱投资办的,请李寿增先生去当经理。

咱们说说孙少林先生,他是一个本事大到全面开花的人物。为什么说他的本事大呢?我喜欢举例子,比如有的厨师傅肉菜做得好,有的厨师傅素菜做得好,有的厨师傅汤菜做得好。说相声也一样,这个人说的好,这个人唱的好。你比方说白全福老先生，他的表演好，尤其他要学一个大姑娘、老太太、小孩子，他学什么像什么，各有所长，说学逗唱。提起孙少林先生是全都行，不是虚捧，该一就是一，该二就是二。

孙少林年轻的时候嗓子好，一米七几的个子，重眉毛、大眼睛、高鼻梁，穿上大褂往台上一站，他就有威。要论说功的相声，他说《大保镖》《剃头论》《儿子迷》《书迷》样样都行。要说贯口活也可以，特别是说学唱功的，也好，他是全面开花。柳活就是唱活，他唱要是学刘宝全的京韵大鼓《博望坡》，他穿上大褂，拿起那鼓箭子来一唱，那真是像，观众就都给他鼓掌；他要学刘文斌的京东大鼓，马上嗓音就变过来，一句"表的是"观众就叫好；要学《玉堂春》青衣，"你叫什么"，他马上就变小嗓；你要是叫他学越剧，他也马上就能来，他是全方位开花。

有的演员学唱，有的学花脸学得好，有的学老生学得好，孙少林先生是都可以。所以说他是大演员，晨光茶社第一号的主演。他的儿子现在还在济南晨光负责，叫孙小林。

其余的名角也都好似五虎上将关、张、赵、马、黄，个个都有绝招。像高德明，他也在晨光待过。

高德明先生虽然是北京人，可他多年在济南晨光茶社演出相声。一提高德明那也了不得，在过去北京请堂会有这么一句话——没有"曹高"不行。可不是吃的点心槽子糕，而是指这两位名演员，"曹"是单弦大王曹宝禄，"高"就是相声名家高德明。

晨光茶社除了这些演员之外，还培养出了很多很多直到现在观众都喜欢的演员。

我那时是个小孩，就要多受辛苦。怎么个辛苦？学徒就跟老

十岁的李伯祥已经会使十几段相声了

师多多少少的有点差别。比方说我们相声大会下午一点钟开场，说一段一要钱，小徒弟们都拿着个小筐箩去要钱。有时老师也有去要的，但是一般来讲都是徒弟拿筐箩去打钱。我们说相声的管钱叫"杵"，给钱叫"挡杵"，要钱叫"托杵"，第一次要钱叫"头道杵"，唱几句或说一小段、间隔很短即敛一次钱叫"连环杵"，观众格外多给的钱叫"疙疸杵"，要钱的方法叫"托杵门子"。

那个时候，"托杵"往往还受欺负。老实的观众给你钱，对你很客气，可有一些歪毛淘气、不三不四的地痞流氓，再有就是国民党的伤兵，他们不给钱。不但不给钱，而且你要是惹翻了他，他还打你、还诓你。

我父亲就遇见过这么一回。他演出完也下去要钱去，演员也轮着打钱，光指徒弟们不行。要到的这几个人是解放前济南机场里边的地勤人员，一要钱对方就瞪眼，我父亲一看不对劲赶紧就要走，对方可能是怕栽面，把钱也扔到这个钱盒子里了。

等散场之后，观众们都走了，这几个人不走，到后台来找事。后台的负责人是李寿增先生，他一看情况不对，赶紧让后台

50

就散场了,看这几个国民党兵到后台找茬,李先生赶紧就沏茶、点烟,可对方不管这套,一下把手枪就拍在桌子上了 这摆明了是讹钱,不给钱就给你砸了,让你明儿个干不了。

当时李寿增先生急中生智,就冲我父亲发火说:"人家提前给我钱了,你怎么脑子这么不好?为什么还找人要?"说着话就给了我父亲一个大耳光,接着骂:"你明天卷行李,你给我走,我不要你了!"然后跟几个碰瓷的当兵的说:"几位对不起,明天我摆一桌酒席给您赔罪,我不要他了。"对方一看,打得我父亲直掉眼泪。也就没什么可说的了。

等那些兵都走了,李寿增先生又对我父亲说安慰话,说洁尘呐,一会儿我请你喝酒去,刚才我不是真打你,如果我要不打你,他们不走,他们一搅和,明天咱们的相声大会就开不了业,你受点儿委屈也是为了大伙能有饭吃,你别往心里去。

因为我父亲管李寿增先生叫师叔,他是寿字辈的,他是张寿臣先生的代拉师弟,人家这样安慰他,我父亲这才明白了,心里头舒畅了,说话也好听了,"叔,您是为了顾全大局。我不怪您,要是照这样,您再打俩嘴巴也可以。"爷儿俩又逗上了。通过这段往事,让我更恨那个不平等的黑暗社会,也更加热爱如今的好时代了。

过去那个社会,演员受罪、挨打、受骂,甚至有一些用言语不能表达的痛苦,我就不多说了。现在演员成为文艺工作者了,更应当热爱我们这个新社会。

15 仁义大哥替兄弟清除欠账
孝顺长子为父母置办寿材

跑江湖卖艺要义字当先，过去好多老先生不但艺术好，德行也令人钦佩。用如今的话说叫德艺双馨，是我们学习的榜样。

高德光就是这样一位艺术高、德行好的老先生。他是北京人，跟张寿臣先生平辈，一提他弟兄的名字，我们很多的老观众也都很喜欢，他们哥儿仨是光、明、亮。这位高德光的弟弟叫高德明，还有一位兄弟叫高德亮。哥儿仨里数高德明本事最大。

要说明一下，高德光、高德明、高德亮虽然名字都有德字，可他们不属于"八德"之列。在相声门里他们是寿字辈的。都是我的长辈，我得管他们叫师爷。

这位高德光先生在济南晨光相声大会多年，也是一位有美德、非常好的老先生，因为您也经常到那演出去，来也匆匆、去也匆匆，只要是高德明先生离开济南晨光之后，高德光先生就请一支会，大概叫"储金会"。那时候挣得少，到需要大宗用钱了怎么办？就"请会儿"，就是找一些朋友同行的好多人，你拿五块，我拿五块，二十个人就是一百块钱，这些人轮流使用这笔钱，谁有急用谁先用，按期还款，有的还给大伙拿点利息，有的不给，都需要提前说好了。这是个民间借贷，经济上互相帮助的意思，就像如今的无息贷款或者低息贷款，那时把这个叫"请会儿"，也叫"打会儿"。我那时小也不太懂。

我就记得高先生总"请会儿"，拿着那个钱到大观园附近，说我叫高德光，我兄弟叫高德明，在您这吃过饭吗，您看看有赊账没有？您看看他是不是大意了，是不是有忘了给您钱的时候？那大观园也有狗不理包子铺分店，写账先生掀开一看，如果说没有就算了；如果说有，该多少钱照数给人家。高德光先生就有这样的美德。

　　高德光先生还有一个值得我们晚辈学习的地方。他艺德太好了。每天早去帮着我们小徒弟们一块扫后台、沏茶，到了饭口大伙要去吃饭的时候，他一个人在场上说单口，要说个五六段，等大伙都吃完饭回来了，他再吃饭去，就这么好的品德。

　　我们说相声分钱时最高的就是拿一个整份，整份分开了叫十厘。好比说一块钱算一份，那一厘就是一角钱，八厘份就是八角钱。

　　那时在晨光，李寿增先生拿一个份，也就是一整份。这位高德光先生也是挣一个份，他虽然是个量活的，就是捧哏的，可要是论业务能力他很强，因为他是一个"官中"量活的，就是路子又规矩还宽泛，既能给大人量，也能给小孩儿量。所以他拿一个整份。

　　那年头花的钱叫现洋，谁手里有十个大洋、二十个大洋可就了不得了。晨光有一度生意很好，高德光先生存了一笔钱，存了一笔钱干什么呢？他到北京，买了两口棺材。

　　现在移风易俗，都是号召火葬、树葬、海葬什么的，那个时候就是土葬。土葬得买棺材啊，最讲究的是金丝楠木的，挂阴沉里的金丝楠的棺材要好多钱，一般人家可用不起，一般一些的也得是沙木十三圆的,也要不少的钱。

那么高先生买棺材为什么呢?还是一个字——孝。他说这笔钱我不能乱动,不能吃喝玩乐,我是我们这个门的长子,又长年在外边跑。父母都这么大年纪了,万一有个三长两短的,我要是赶不回来怎么办?我现在先把老人的后事寿材安排好了,我再走20年我都放心。他把棺材存到庙里头,每个月还要给庙里头一定的存放费。

"百善孝当先",这是中国人的美德,也是相声演员的美德。

16 学京剧苦练武功
遇名师终身受用

1947 年到 1948 年之间，我和京剧名家邓金昆学过武戏。因为我爸爸是戏迷，在徐州和邓金昆相识，两人都是北京人，就比较亲近，哥儿俩吃喝不分，邓金昆就说：哥哥您对我这么好，我也没什么报答的，干脆我教孩子点儿功夫吧。

他是报答我爸了，可我受得了吗？天天让我下腰耗腿，还得撕腿，多疼啊！我和邓先生学了虎跳、毽子、旋子、漫子。"抄范儿"（就是老师抄着点）我能翻小翻，我最好的是拧旋子，我小时候腿好、腰好，我爸给我打了两个铁圈，拴好绳子系在腰里练功。

他还教给我跳加官，还有半出《芦花荡》的张飞"起霸"。虽然没演过，可到今天还有印象。他还教给我演戏的板眼、尺寸、劲头、辙韵。对我后来说相声很有帮助。

说到这，李老师兴致颇高地来了一段张飞的定场诗："草笠芒鞋渔夫装，豹头环眼气轩昂，胯下千里乌骓马，丈八蛇矛世无双。"嘴里配着锣鼓经，铿锵的道白加上优美的身段，确实不同凡响，不愧是受过高人传授。（执笔者注）

后来我说相声时在台上拉个山膀、扯个云手，这个"狮子滚绣球"的招式使出来，有京剧行内的人就说，一看你就学过戏，懂得板眼尺寸。2013 年全国少儿京剧大赛还曾请我去当评委。

　　邓金昆先生是老中华戏校毕业的,和王金璐先生是同科的师兄弟,功夫好,会的戏多,人称"戏包袱",好多名角演戏必须他给配戏,是位"硬二路"。

　　和邓金昆先生学戏我可没少挨打,当时我还挺恨他的。后来我们去济南了,我觉得就躲开他了,可邓先生给济南京剧界的一位好友——教武功的黄少峰先生写了封信,请他接着教我。我爸爸就不撒手了,让我接着练。我小时候对我父亲意见大了,老觉得他把我豁出去了。后来长大了才逐渐明白了他的苦心。

17　书文戏理分高下
　贯口趟子见真功

1948 年时我虚岁十一岁,晨光茶社演员的名字,我还记得有几位,都是我的前辈,除了元老李寿增先生和他的大徒弟孙少林,还有高德光、高德明、高德亮哥儿仨,还有一位袁佩楼先生,再有一位郭宝山,这是北京人,还有天津的阎笑儒先生、白全福先生、王世臣先生,都在那工作过。他们演的相声是多种多样,有好多好多的段子,大部分都是传统段子,但是有一样,在那种舞台上,有一些撂地时说的荤口段子,不能在那演了。因为底下坐的有女观众,我一说您就明白了,登上这个舞台,就不能够太放肆了,说一些传统的,开个玩笑可以,但是不能太离格。

过去那些老相声演员,不论说起来哪位,都比我本事大得多得多。为什么这么讲?因为那种场合也是一种竞争,如果谁上去一演出,观众站起来都不听了,这位就没脸再拿份子钱了,所以为了吃饭必须得下苦功夫。

这些老演员都有自己拿手的段子,像孙少林先生的《卖布头》《剃头》《大保镖》使得好,高桂清先生的贯口占一绝,我在他们面前没法比,只是个小徒弟。提到贯口,我们天津的观众也不生疏,就是大段的排比句,像《地理图》《开粥厂》《八扇屏》《大戏魔》《戏迷药方》,这些段子都属于贯口类的节目。我们公认贯口

57

说得最好的,在我的前辈当中,一位是高桂清先生,一位是白宝亭先生。白宝亭是焦德海的徒弟,白全福的二叔,这两位称得起是"贯口专家",再有一位"贯口大师"就是张寿臣。

有不少观众夸奖我李伯祥是"李快嘴",认为我的贯口不错,其实我的贯口只是占一个俏,让您感觉着快、脆、爆,听着过瘾,其实含金量远不如这几位老先生。就是说人家的水平要比我高得多,如果没有那个欣赏能力,就不知道这贯口它难在什么地方。我从年轻的时候气力就比较充沛,比方说别人使贯口活要是十五句一换气,我可以二十句一换气,甚至可以坚持到二十五句,多咱您一鼓掌了,我才换气休息一下儿。

老先生背贯口,我提到的高桂清老先生,他要是背到"出德胜门走清河沙河",他越背脖子越粗脸也红了。什么道理?他这边背着这个贯口,一边在恨着那个在节目里骗他的人(指乙),心里说你为什么充军发配我,你为什么拿我开玩笑,他把内心世界、内心感情流露出来了。

后来高师爷给我讲解,说伯祥啊,我背贯口是没有你快,没有你的嘴利索,但是你知道我为什么那样吗?因为那个捧哏的,扮演一个拿我开玩笑的人物,瞎指道让我胡走,我这背着贯口那是讽刺他,揭露他给我指的路,比我说的这个还远,你太不够朋友了!这是有潜台词的。

可我达不到这种境界,我就背一个快、脆,说个不好听的,让您听着美就得了,没有更深层次的内涵。如果我按他那么背我就赚不着钱,按照我们说相声的话,我就没饭了,因为我没有您那么大的份儿(指知名度和权威性)。

我当时听高师爷这么一解释，我才明白其中的道理。他为什么跟我说这些？因为他喜欢我，我那时候十多岁，我管高桂清先生叫师爷，他背后跟我父亲说：这小子的贯口可不错，沙口（就是紧凑有劲儿），还挺脆，听着过瘾。

这是他背着我说的，我父亲告诉我的。当着我的面，高师爷不这么夸我，还说你得下功夫啊，好好背"贯儿"啊，可能他怕我骄傲吧。

因为小孩哏的段子本来就有人缘，我小时候有气力，嘴皮子又快又脆，当时观众们也爱听我说相声，老给我鼓掌。

可高桂清先生说的《地理图》比一般人好，因为他有内心世界、内心感情。

我举个例子，如果我们要是听音乐，听贝多芬的交响曲，如果说贝多芬的交响曲，我听不懂，不要埋怨贝多芬，要埋怨我自己，我没有这么高的欣赏水平，我听不进去，我不知道他这里边是什么含义，相声虽然不及贝多芬的交响曲，可是异曲同工、大同小异。所以，我尊重高桂清先生。

这倒不是我谦虚，说我的贯口不好，我的贯口也不错，可跟人家比还不行。还有一位白宝亭先生也是以贯口见长，虽然我没见过他，但听说他的贯口是以脆为主，比我还脆。

再有一位老先生背贯口，好像听起来不过瘾，好像也不带劲，实际上他内里的文章比这几位还要高，而且这个《地理图》的段子，就是这位老先生编的，这位老先生天津北京的观众最熟悉，特别是天津的相声界如果没有这位老先生，在全国还没有这么大的影响力，可以说，他对相声事业做出了巨大的贡献。这位老先生姓张,叫张寿臣。相声行内官称他"张寿爷"。他是我们相声界的权威,是寿字辈的"门长",就是掌门大师哥。张寿臣先生也说《地理图》,但是跟我们背的贯口就不一样了。

18 溯本寻源"地趟子"
改头换面《地理图》

咱们先说说《地理图》这个段子。这个段子是从北京传过来的，就好像两个人开玩笑，一个人找庙，一会儿这个庙，一会儿那个庙，一会儿这个庙，一会儿那个庙，这段叫《庙游子》，就是《地理图》的垫话，又叫"地趟子"，这都是术语。

就跟京剧一样，一种京剧有好几个名字，比方说《洪洋洞》又叫《三义殡天》，《恶虎村》又叫《三义绝交》，《一箭仇》又叫《英雄义》，都有几个名字。

《地理图》可以和《庙游子》搁一块儿演，先说到北京找蟠桃宫、白云观、白塔寺、东岳庙、隆福寺。到天津也找庙，找娘娘宫、大悲院。后来不仅在天津、北京演，还搬到济南演，那就不找庙了，找趵突泉。到南京了找夫子庙，到沈阳找太清宫，都是一种使法。

过去的《地理图》是怎么演？逗哏的如果找不着了，捧哏的讲：我告诉你，你就能找着了，你打这坐有轨电车，彰仪门下电车。

彰仪门就是今天的广安门，最早叫彰仪门。

过去演的《地理图》，捧哏的也有一段贯口："坐电车奔彰仪门，出了彰仪门，下吊桥，走养济院、三义庙、五显财神庙、小井、大井、肥城、卢沟桥、长辛店、赵辛店、长乡、良乡、小十三、大十

三、洪门寺、窦店、琉璃河、宣平坡下坎儿虎岭您到涿州。"逗哏的说："这我就到那地方了？"捧哏的说："不，还差八万多里地了，进涿州北门……"这是过去的老《地理图》。

逗哏的一说，他也叫我走彰义门，刚才那套我就不背了，他让我进涿州，让我进北门，没出南关，让我出西门八百里的长沙瀚海、自带干粮、自带水，这是过去的老《地理图》。

后来随着社会的不断发展，交通发达了，北京到张家口又修了一条京张铁路，后来延长到绥远叫京绥铁路。

这个铁路一通，再说出"彰仪门，下吊桥、养济院"，有点儿不新颖了，张寿臣先生根据新的铁路线，把《地理图》又捋顺了。那就不是出彰仪门了，出北城的德胜门了，出彰仪门是下吊桥，要出德胜门头一站就不是下吊桥了。

出德胜门现在是郊区了，走清河、沙河、昌平县、南口、青龙桥、康庄子、怀来、沙城、保安、下花园、辛庄子、宣化府、沙岭子、宁远、张家口、柴沟堡、西湾、天镇、阳高县、聚乐堡、周氏庄、大同、孤山、铺子湾、丰镇、苏集、平地泉、三岔口、十八台、卓资山、三道营、旗下营、陶卜齐(陶卜齐后来改为呼和浩特了)，绥远城、西包头、甘肃兰州，为什么一下子就跳到甘肃兰州呢？

那个时候就到包头，后面的甘肃兰州、西宁、凉州、永昌，甘州、嘉峪关、安西、哈密、吐鲁番、新疆乌鲁木齐、精河、伊犁、温宿进西藏，这是张寿爷改的。

那么要是在天津演，怎么能出德胜门呢？在天津比方说找劝业场，找劝业场也得用这个"趟子"啊，用这个"趟子"你怎么能够出德胜门呢？

当时的相声演员也是与时俱进，随时随地调整段子的使法，在天津就说走河北大街、大红桥、杨村、蔡村、河西务、安平、马头、张家湾、奔通州八里桥、进北京齐化门(就是今天的朝阳门)，出北京的德胜门。这不就接上了。

您比方说在山东济南，他就不是找劝业场，也不找太清宫，也不找城隍庙了，他找趵突泉，但是他也得出德胜门，好将着张寿爷的"趟子"往下使。那么他打济南怎么走呢?

济南有一位相声演员叫王少安，是孙少林先生的徒弟，这位先生他是山东济南人，他说相声多多少少带着一点济南口，他说这个《地理图》，他另有一条路线。他说让我找这个趵突泉，他先叫我上北关火车站(济南有个北关火车站)，走北关黄台、历城、郭店、张渚、白云山、枣园寺、明水、普集、王村、大连池、周村、崔庄、马尚、张店、宜都、维县、坊子、下毛屯、城阳、女姑口、沧口、四方、大岗到青岛坐轮船到天津，老龙头我坐火车，到北京下了火车出德胜门，他这么走。

19　济南深造徐州演
解放之初到北京

　　我是天津生人，我学艺深造在山东济南晨光相声大会。虽然是在济南的相声大会，可那儿的老师都是天津、北京的老先生。

　　北京我也去过。我第一次在北京演出的时候，我记得是在解放初期。我跟我父亲去北京演出去的。

　　那时候的演出没有什么剧团，都是私人搭班。我去北京的时候，我记得可能是 1949 年，待了几个月，大约是六七月份，因为正赶上下大雨。在哪演出呢？北京鼓楼前边有一个曲艺社，叫北城游艺社，在南方叫戏茶厅，天津叫茶楼。

1949 年夏天在北京

　　北京叫游艺社，什么西单游艺社、东单游艺社、西城游艺社、北城游艺社。这个北城游艺社就在鼓楼的前边，好像是在路西口，就是鼓楼前边的那条大街，是一个有四五百个座位的小剧场。

　　我记得那条路走有轨电车，是单趟的。从北新桥到太平仓，经过鼓楼,到地安门、什刹海。

我在那还演出过。当时那个演出还不叫曲艺,当时叫什样杂耍,就是京韵大鼓、梅花大鼓、坠子、单弦,我记得攒大底(最后一个节目)的相声,就是常宝霆先生。常先生那年虚岁二十一岁,捧哏的白全福先生三十一岁。

在我的印象当中,倒二是谢芮之先生,也是一位单弦大王。倒三是王佩臣先生,唱铁片大鼓又叫"醋溜大鼓",还有一位京韵大鼓名家,是个女演员叫孙书筠,正宗的刘派大鼓,嗓子也好。孙先生当年二十八岁,穿高跟鞋、旗袍、烫发,打扮得很时髦。她的京韵大鼓简直是不得了,最好的是《马鞍山俞伯牙摔琴》,好听得不得了。她在中间演,按说她这个身份应该排倒二倒三啊,可因为她还得到西城游艺社、西单游艺社赶场,就往前排了。

在那个年头,还不像我们今天车满为患,马路上都是汽车,坐车赶场最好的就是三轮车,三轮车就是包月。像这些有名的演员,她雇一个包月车,你拉我一个月,我给你多少钱,我一天赶几家园子。

前边还有一位演员,叫叶德霖,艺名叫"架冬瓜"。是位有名的滑稽大鼓演员,当然前边还有一位最好的相声演员。这演员虽然年纪不大,但是很招观众的欢迎。这位演员是谁呢?那就是我。哈哈,我开个玩笑。

北京要按现在来讲太大了,它都修到六环了。

可过去,一提到老北京,老人有一句顺口溜就全概括了,北京城是"里九外七皇城四,九门八点一口钟",因为北京城它

分里城和外城,里九外七一共有十六个城门。当中间还有一个皇城,皇城那个门叫天安门,

里城九个城门的简称是"前、哈、齐、东,安、德、西、平、顺"。前门又叫正阳门,前门的东边就是崇文门,因元代有个叫哈德的王爷住在这里,所以又称哈德门;哈德门再往北边一拐,叫齐化门,后来叫朝阳门,是向城内走粮车的。再往北边走,有个东直门,是运送柴木的城门,再往西走有个安定门,外出征战得胜还朝,进城时要进安定门,象征消灭了敌人,实现了安定。安定门西边是德胜门,外出打仗要从德胜门出发,以取打仗得胜的吉利。德胜门过去再一座是西直门,是专门运水的城门,当年皇上吃水都是从玉泉山用马车拉来的。再过去是阜成门,也有个别名叫平则门,是用骆驼向城内送煤的城门。最后还有一个门叫宣武门,过去叫顺治门,这就是内九门。过去有个官衔叫九门提督,就是管这九座城门,相当于卫戍区司令。

"外七"是指南城七门,简称"西、彰、南、永、礓、沙、东"。分别是西便门、彰仪门、南西门、永定门、左安门、广渠门、东便门。

西便门是为方便居民出入京城修建的。位于内外城结合部。建筑外城垣时因财力不足,工程简便,故称"西便门"。彰仪门在外城西南城垣上,亦称"广安门"。因城楼上有一石雕,呈三人背面形状,传为金代遗物而得名,称"彰仪金人"。右安门位于外城南垣西侧,故称"南西门",其修建年代、过程均与左安门相同,永定门外南苑为皇家猎场,是皇帝狩猎必经之门,故称"狩猎之门"。左安门、右安门系姊妹门。左安门位于外城的南垣东。其箭楼外侧门洞有石砌礓磜,俗称"礓磜门"。广渠门位于

外城的东垣南端,俗称"沙窝门",皇家建城所用的木料皆由此门用车马运进城中,故又称"木材之门"。东偏门偏居北京城东侧,位于内城和外城结合部。

皇城就是紫禁城,有天安门、地安门、东安门(也称东华门)和西安门四座城门。大臣入朝时按照"文东武西"的规制进入皇城,文官要从东华门入朝。所以文官为了入朝近便,都住在东城,像刘墉刘罗锅就住在东城礼士胡同。

再说"九门八典一口钟"。过去在夜间要关城门的。关门前都要打"典",典是用铜铸成的云板,类似桃形,呈扁平状,中向隆起,边穿两孔,敲起来声音很响。现在法源寺东配殿还悬挂着一个"典",可能是僧人作息时间的信号。

晚上关城前要敲三遍"典",第一遍"典"敲过,关上一扇城门,敲第二遍"典"时,另一扇再关上一半,敲第三遍"典",门关得只留一点儿缝隙。赶城的人从很远处就能听到打点的声音,这时都使足了劲奔跑,跑得气喘吁吁,有时跑慢一点就被关在城外进不了城,或关在城内出不了城。这时,只好去爬"水关儿",也就是疏通城市雨水的下水道,一般旱季没水,小孩子或身体不太胖的人可以侧着身子从栏杆缝隙中通过。

九个城门有八个城门关城时都是打"典",唯独这崇文门关城时敲钟。这是为什么呢?听老人说当年刘伯温、姚广孝建北京城时,修到崇文门,城楼下是一个大海眼,海眼上面有个巨鼋趴在上边。如果不把巨鼋压住,它一翻身,海水就会把京城淹没。传说当初北京地区是四十里苦海,一片汪洋,就因为巨鼋堵住了海眼,北京才变成了陆地。当时把城楼修在鼋背上,趁着它睡觉时把它压住,不让它翻身,就保险了。巨鼋醒来后发现被压住,很不高兴,就问刘伯温:为什么把城楼压在我身上?刘伯温又是吹捧又说好话,对巨鼋说:"没关系,反正你的力气大,身上驮个城楼不算什么。"巨鼋说:那我何时才能翻身?刘伯温说:当你听到打"典"就可以翻身了。巨鼋一想,每天关城都要打"典",每天都可以翻身,就忍下来等着。谁知刘伯温足智多谋,命人在崇文门把"典"换成了一口钟,关城门时,只打钟不打点,结果就成了"九门八典一口钟"了。这巨鼋就没有翻身的机会,老百姓就安全了。

　　我这点知识都是跟老前辈学习的,也是跟观众们学习的。

20　津门赶场求生计
绕城坐车报站名

　　1949 年天津解放初期,我跟着父亲在天津的小梨园、玉壶春、大观楼赶场说相声,那阵还没叫曲艺呢,叫杂耍园子。

　　当时小梨园的演出阵容很强,单弦大王荣剑尘攒底,郭荣起 倒二,后来小彩舞(骆玉笙)从上海回来了,当时的规矩是京韵大鼓攒底,所以由小彩舞攒底,荣剑尘就成了倒二,郭荣起也就改倒三了,可仍相当于相声的攒底。前边是王佩臣、杨曼华、花小宝、王毓宝(因为王毓宝要赶场,所以排在中场),再往前是常宝霖(二蘑菇)、郭全宝、变魔术的于华民老师,前场还有天津时调啊什么的,一共得十六七场节目了,每天得从晚上七点来钟演到十一二点。我们爷儿俩也排在前场。

　　当时荣剑尘名气很大,拿大包银,剧场方面还为他安排住宿,在交通旅馆五楼为他包了房间。因为我大爷爷曾经为他伴奏弹弦,我父亲叫他大爷,我喊他爷爷,我还经常给您老点烟,他的烟袋很讲究,一天一换,乌木的杆,白铜的锅,翡翠的烟嘴,还有秋厥的(也叫虬角,是海象牙染色制成的,很珍贵)。

　　小梨园有六个大包厢,每个包厢能坐六个人,永远满着,坐着的观众都是穿水獭领、戴水獭帽的有钱人。刚解放时,资本家的生活还没什么变化,贵宾席都是这些有钱人家长期包着,可前场演出人家不喜欢看,得到中后场时,包厢和前三排才能坐满。

当时郭荣起先生一个月的包银就是五十万元(当时流通的是第一套人民币,高面值的是一万元,最高面值是五万元。后来为了便于统计,发行了第二套人民币,最低面值是一分,最高面值是十元。二者的比例大致为 100 比 1),常宝霖(二蘑菇)和郭全宝两人十万,我们爷儿俩是六万,当时的一万差不多相当于后来第二套的一元吧。

为什么我们的包银这么低呢?因为老板觉得我们当时算是可有可无的演员,有你五八,没你四十,你们上场就为了占时间。就这个我们还要感谢老板能用我们,这就算是"赏饭"了。

可这些钱不够用的,我们就要赶场。从小梨园演完了出来坐蓝牌电车,头一站是锦州道那叫梨栈,下面是鞍山道四面钟,下一站中原公司百货大楼,再往下一站是芦庄子,接着是美琪电影院,就在现在人民剧场斜对面,再下一站南市,我下车去玉壶春演一场,玉壶春的攒底是马书麟的正宗刘派京韵大鼓,她的父亲马砚芳、哥哥马涤尘都是著名弦师;倒二是王佩臣的乐亭大鼓,还有石连成的单弦,她是荣剑尘的儿媳妇,大高个,艺术太好了,还有王毓宝的天津时调,我们是中场相声,后场相声是郭全宝、常宝霖,前场相声是王长友、赵振铎。

我和赵振铎那时都不大,贪玩儿,没事就一起在外面"玩弹球、扇毛号"。有一次玩得太高兴了,忘了演出的事了,该上场了还在那拍呢,我师叔王长友和我父亲来催场,很生气,一人给了我们两巴掌,王毓宝正在旁边,直给我们说情,说别打了都是孩子。到现在我还感谢王毓宝先生的恩情。

我们演完后出来,再坐蓝牌电车经过东南角、马棚胡同、东门、崇仁宫、那有个楼叫青年会,后来改少年宫了,再到东北角官银号,在那再演一场。白天三场,晚上三场,我们爷儿俩一天六场,一个月挣三十来万,有时晚上还得"上地",去地道外邓四书场,再赶去说一段,那阵茹少亭、武魁海他们也在那说。

　　我们去那就不能拿整份的了,赶上了就说一段,实在忙了就不去了。反正那阵我一天得说七八段相声,帮着我父亲养家。

21　新事新办拜师礼
两位师叔成"同学"

　　我在天津说相声是 1949 年。我爸爸早就给我认了师父了，我的师父是赵佩茹，我的保师是常宝堃，但是我太小，跟着我父亲走南闯北，过去那个社会生活不稳定，吃不饱、穿不暖，这儿住仨月、那儿演半年的，一直没有机会举行拜师仪式，我们行内叫"摆知"，可干了这行毕竟得有个仪式啊，后来我就在天津说相声的那个阶段，在刚解放的时候，1949 年冬天的一个早晨，我正式给赵佩茹先生行了拜师礼。那天是杨少奎先生代拉李润杰为师弟，佟浩如先生代拉西安的张玉堂先生（外号张烧鸡）为师弟。杨少奎本身就是我师父代拉的师弟，佟浩如也是我师父的师弟，我师父就说那就连伯祥拜师一块吧，我是沾他们的光。虽说我从出生一百天就认师父了，可这才算是追补了一个仪式。

　　解放了，拜师就不能像以前了。在解放前，拜师得"顶大帖"，就是说你这拜师字据写完了，要顶在脑袋上，跪地下给师父磕头。字据写明：如果这个孩子死走逃亡，没有人家师父的责任，还得有引师、保师、代师签字画押，这叫"引、保、代"。

　　等到解放了，就要不了那些老意识了，那时候结婚都不摆酒席了，所有我们拜师也只是吃喜糖、抽喜烟、吃元宵，给师父三鞠躬。地点就在天津南市，那儿有个群英戏院。大约是坐东朝西这么一个戏院,不太大,演京剧,也演评戏,谁长期在那个地方演呢?就是常宝堃先生那个剧团,叫"兄弟剧团"。有些老观众熟悉,就管它叫"蘑菇剧团",那是他们的基地,在北京、天津轮流演出。

他们那个团主要演员有常宝堃、赵佩茹,还有变戏法的陈亚南、陈亚华,有口技演员沈军,都在那演出。前半场是演曲艺,大鼓、相声,后半场演"文明戏",如同今天的相声剧。演出过的剧目有《空谷兰》《一瓶白兰地》《前台与后台》,解放后演过《一贯道》《金戒指》等剧目,在那时候人家就紧跟潮流,与时俱进,这是我佩服的地方。

我和快板名家李润杰是一天拜师的,相声演员彼此好开个玩笑,但是开玩笑要有分寸,不许胡来,不许胡扯八道。我是个晚辈,李润杰先生是个长辈,我跟他开玩笑还得让他高兴。我对他说:咱们爷儿俩同堂学艺,按理说咱们是师兄弟,可我还得管你叫师叔。他就假装生气,说:臭小子,我非抽你不可。可第二天他还请我吃包饺子。

我经常上他家去看他,因为他是我的师叔嘛。以前他就住在总医院对过那块,过去老电台的宿舍。后来他搬家了。

那天我看他去,正赶上他包饺子,我说您这饺子不错,挺香啊。他说你少说废话,我知道你爱吃饺子,快来吃吧。就这么着我就吃上了,我说我昨天和您犯贫,您不但不生气,您还请我吃饺子,那我赶明还拿您开玩笑。他又乐了,说:你快出去吧你。

我们爷儿几个是一块拜的师,那个时候演员流动性很大,都是这演仨月、那说几个月。在天津演了一段时间后,我跟我父

73

亲又回到我的"母校",山东济南大观园晨光茶社。

解放前和解放初期那个时候,文艺剧团没有什么国营的。因为我是个戏迷,所以爱拿京剧演员举例子,你比如说马连良先生、谭富英先生、奚啸伯先生,他们可以在上海演仨月,在南京演两月,在北京演几个月,都是流动性的。

1956 年以后,各个剧团相继成立,有的是民营的,有的是国营的。

22 小伙伴情谊难忘
老前辈教诲铭心

虽然是我师父教给我的艺术，我父亲把我带出来的，但是我深造不能忘了"母校"，那就是山东济南晨光相声大会，因为我在那儿学的东西太多了。济南晨光跟北京启明相声大会一样，虽然是相声演出场所，但是那里有本事的高人太多了。我在那跟谁一块学徒呢？您知道李金斗吗？我和他的师父赵振铎一块学徒。

1954年，李伯祥与李寿增先生(前右)及孙兴海(前右)、孙少臣(后右)合影

赵振铎比我大两岁，还有孙少林的弟弟孙少臣，说起来他比我还大一辈，可我们岁数一般大就单论了。还有于春藻，这都

是我当年的小伙伴。我们一起在晨光学徒。听前台那些老先生说相声,那段子听的就多了去了,那些老先生们都是身怀绝技,对我们的艺术熏陶可就了不得了。

那时候我们都是十三四的小孩,也都淘气,有时跑到外边玩儿"扇毛号"啊、"撞拐"啊、"弹球"啊,有时忘了时间,耽误了上场使活,或者没来得及敛钱,或者敛钱时吵嘴,就会受处罚,一块罚跪,应该演两段的加到五段,晚上分钱时应该拿"半拉份"的减成三厘,闹不好孙少林还踹我们一脚。

有时我们在台上偷懒不卖力气(这叫"懈工")、起哄(这叫"起秧子"),都要受批评、挨骂,甚至挨打。这时候做师父的、做父亲的都不能管,不能问人家你凭什么打我孩子?不行,人家那是赏饭。

李寿增很少打我们,生气了最多就和我们掉脸儿,骂我们几句但不能带脏字,他是师爷,当爷爷的不能带脏字,妈妈姐姐的乱骂不行,说相声的也有规矩,顶多骂个混蛋、小兔崽子,到头了。

有一次我在台上使活(演出),使着使着有点儿犯淘气,有点儿起哄了,那天李寿增师爷给我捧哏,他手里拿着扇子一掉个,反手"啪"就给我一下,低声呵斥我"规矩使",我这手当时"呼"就肿起来了。赶紧认真起来了。

我十六岁那年,上海有个小堂会,本来是请我师父去的,我师父那阵是大角,演出多,有些应酬忙不过来,就让李寿增师爷带着我去。到了那儿人家招待我们,摆的蛋糕、水果啊什么好多好吃的,主人说吃吧,小朋友。我刚要伸手,李师爷拿扇子又给了我一下,说不许没出息。我委屈呀,就说人家让我吃的,师爷说人家让你吃你也不能第一个吃,得看人家先动手吃了你再吃,要有规矩。

我挨李师爷这两下打,让我牢牢记住了两点,一是在台上使活一定要认真,还有就是不能没出息,要有规矩,到现在我都感谢师爷的教诲。

在济南的时候,李寿增师爷和我父亲经常教导我们几个,在马路上不许跟人家开玩笑,见着观众一定要对人家尊重。不许随意找"包袱",这叫"相不游街"。平时得规规矩矩的,不许歪衣斜帽、奇装异服,穿衣服人家四个纽襻,你不许个别另样,弄二十七个,那不行。头发也不许奇奇怪怪留歪毛淘气儿的发型。到现在我穿衣服、留头发都按照他们说的去做,就是大众式的。

老年间留分头都是改良了,你看张寿爷、我师父赵佩茹他们,都是平头。

23　大港市场还小钱　诚信为本
　　大连街头逛大街　安步当车

　　说相声的还有一个问题需要注意，就是"不赊账、不骗人"。李师爷教育我们，人家说给你来根冰棍吃吧，给你来块糖吃吧，不许不给人家钱。一定得给人家钱，是相声演员就一定要遵守规矩、遵守道德、尊师敬友，不许坑人骗人，这都是李师爷教育我们的话。

　　我还遇见过这么一件事。那年我十六岁，虽说是一件很小很小的事情，今年我快八十岁了，这件小事已经过去六十多年了，我还记忆犹新。

　　那年，我跟着我父亲去青岛短期演出，青岛离济南不远。因为天热，他们都愿意上那去，那地方凉快。

　　青岛有一个场子叫大港市场，虽然都是场地，但没有济南晨光相声大会规模那么大。那里有说书的、拉洋片的，也有卖药、卖糖果、卖香烟的。

　　我们就在大港市场说相声，有很多的相声演员，在场地说，说一回相声要一回钱。

　　那天我父亲拿了一盒烟，大约是两毛钱，跟卖烟的说，我散了场给你钱。可那天演出结束的晚，卖烟的已经收摊走人了，只能改天再说了，好在总能见着面。

　　演出结束，我们要从青岛坐火车回天津。我记得那天是个节日，好像是"八一"，我父亲常说笨鸟先飞，我们去火车站去得早，大约是下午四五点钟吧，到那之后，还有两个小时才开车。

忽然我父亲说："伯祥，你赶紧回大港市场一趟。"我问他有什么事啊这么着急？他掏出两毛钱来说："唉，怨我，你给我送两毛钱去。大港市场那个卖烟的师傅姓赵，我那天拿他一盒烟，我忘了给他钱了，你说这多不合适。咱这一走不定什么时候回来，你说要是落个说相声的抽烟不给钱的名义多不好。"我说："不就两毛钱吗？"我爸说："两毛钱也不行，咱们行里就这规矩。"

结果我坐着汽车给这位赵大爷送钱去，来回坐汽车我又花了两毛钱。这赵大爷是山东人很直爽，说你看你这是干嘛，两毛钱还值当的，你爸爸在这块说了好些日子相声了，我送他两盒烟也没关系，你看看这是怎么说的。

我回来和我爸爸一说，我爸爸也挺高兴。他就是这样的人，老艺人的这些好品德对我都很有影响，在多年以后，我又做了一个类似这样的重大的好事情。

我是跟您说个小笑话，实际上我就做了一件我应该做的小事。

1963年到1964年的时候我二十六七岁，在大连工作过一段。

大连有个曲艺团，我们每天晚上到文化馆剧场去演出去，晚上回来得坐有轨电车。

大连的有轨电车不像其他地方的，你买个月票就行了，它是卖本票。车票4分钱一张，1块2应当买30张，我记得要是买本票有优惠，能给你35张，多给5张。那天晚上正好我爱人抱着孩子到小剧场来看我的热闹。演出完了我们走到车站，看见电车来了，我掏兜一看就剩一张电车票了，可是巧得很，我跟我爱人又都没带着零钱，你说要是坐吧，没票，兜里又没带零钱，你说不坐吧，得走四五站地。我还记得呢，头一站是劳动公园，第二站更新街，第三站西岗市场，第四站是北京街，得走五六里地。

我老婆说这样吧，到电车上咱们跟售票员说一说，下回补上。我说不行，现在正是散场、散电影的时候，车上挤得满满的，你上去找售票员说这事，不是给人家添麻烦吗。人家要是问你那么大人怎么出门不带钱，我这脸往哪挂。

我说这样吧，你抱着孩子用这张票坐电车，今天比较热，我连着凉快凉快，我徒步走回去，我就只当逛逛大连夜景了。

大连很漂亮，那个时候正是热天，半夜里兜兜风、遛遛马路，那天跟我一块同路走的有好几位相声演员。有咱们天津的尹笑声先生。当年我们两个在一块演，还有其他演员，包括大连当地的演员，给他量活儿的那个演员是大连的，叫袁浩林。

24 切盼学堂读书乐
难忘慈母厨艺香

我母亲是家庭妇女，从我记事开始，就记得她跟着我父亲东奔西跑，做饭、洗衣服、料理家务。我母亲做饭做得好，我媳妇做饭的手艺大部分都是跟我妈学的。

我母亲炖肉特别好吃，包饺子也包的好，最拿手的是烙饼。那时候烙饼用炙炉，拿擀面棍压，一会压这边，一会压这边，这饼就能鼓起来。我最爱吃我妈烙的饼。

我父亲也会做饭，会做抻条面，还会煮𥻗𥻗。那阵儿穷啊，吃棒子面，揉好了棒子面，切成小四方块，然后撒上薄面端起来一通晃，省的叫它粘上，这叫"撞𥻗𥻗"。

因为练功我小时候老挨打，我父亲打我，要打得轻呢，我母亲就不大管，还把门关上怕吵了街坊邻居；要是打得重了，我母亲就拦着，也跟我父亲不乐意。有时我父亲罚我跪搓板，我妈趁我爸不注意把搓板翻过来，让我跪平的那面。

我小时候对挨打挺反感的，一个是挨打疼啊，还有一个原因是我感觉不平等。怎么人家小孩能背着书包去上学，我就得说相声养家？还总挨打？我一问我妈就告诉我，你就是这个命。

要不我后来怎么拼了命地看书、看新闻呢？我小时候不会写字，看人家认识字我很羡慕，我爱知识。我就是解放后在"扫盲班"学的汉语拼音 bpmf，学会了一千二百个字。

认字了以后我最喜欢的就是看报纸。觉着看报纸长学问，每当看见有用的我就剪下来。我兜里经常揣着剪报，我讲课啊、说相声都用得上。我要是说反腐倡廉的节目，我就加上古代清官的内容。这不显得我知道的多吗。凡是有用的我都记着，我这个脑子就好比这个电脑芯啊，就这么点空间，没用的不能往里装。

人家问我上过什么学校，我说我上过社会大学，上了一辈子了，永远没有毕业这么一说。活到老，学到老，学到八十不算巧嘛。

25 论捧逗必修两项本领
说相声牢记六字真言

　　说相声最主要的要有一个硬件,有一个软件,这个硬件就是三个字,叫听、学、会,软件也是三个字,叫精、通、化。没有这六个字,就成不了合格的相声演员。

　　我当年在济南晨光相声大会,那儿有很多的老师,都是名家,天天都听他们说相声。开始是听个热闹,觉得眼儿,后来就开始听滋味,体会他们说相声的技巧,翻包袱的劲头、尺寸,相声演员第一步必须得"听"。

　　我有一位老师兄苏文茂先生,他的看法跟我一样。作为一个相声演员,特别是年轻的徒弟,不听不行,还不是只听张三的、不听李四的,只要是好的你都得听。

　　听完了还不能撂下,你得"学",学人家的口风,学人家的劲头。苏文茂师哥就非常好学,善于借鉴别人的优点。

　　第三个就是"会"。我前面讲过,我跟刘宝瑞先生学《开粥厂》,最初是我听他教,听完了我得跟着学,学完了我得会。得熟练地掌握这个节目,才能叫会。这是硬件。

　　软件我个人认为也是三个字,叫精、通、化。

　　艺术粗糙了不行,要达到内容精练,功夫精到,还要追求精益求精。怎么让它精呢?你得动脑子,这就属于软件范畴。

　　"通",说的是要做到功夫融会贯通,气息上下贯通,知识博古通今，思路四通八达，要通晓各地风俗习惯，和各地观众都能顺利沟通。比如说我是天津的相声演员，我到上海去演出，那的观众喜欢什么，我都得知道。

举个例子。有一年我跟杜国芝随天津市曲艺团到上海去演出，我们那个时候刚被借调到曲艺团，相声演员阵容强大，有常宝霆、白全福、苏文茂、马志存。

白全福老先生我喊三叔，是我最尊敬的一位老演员，他的五官动作特别好，学个大姑娘，学个老太太，学个老头，使个相，特别逗哏儿。他还有一个独特的做派，我们叫作"涮婆"，就是一边晃脑袋，同时嘴里发出"不"的声音，表现一种特别害怕的意思。

白全福和常宝霆先生有一个名段叫《杂学唱》，其中常宝霆先生有这么一个动作，说大家您看我学的这青衣这俩眼怎么样，他这俩眼一斗眼，观众看着就可乐。白全福先生在天津、北京演就这样捧："照你这俩眼，整个的猪眼啊！"这叫"翻包袱"，观众"哗"就笑了。

他们到上海演出，白全福先生还这样翻包袱，"就你这俩眼整个的猪眼啊"，可包袱没响，观众没有动静。

下来，白三爷就纳闷了，跟我说："我使足了劲了，这观众他怎么不乐呢？"我说"叔，您说我虽是晚辈，可我还得说您不会说普通话啊。"把白三爷气乐了："我打你个小子，我说相声这么多年不会说普通话？"我说："您先别急啊。三叔，在南方来讲，您说'这儿'，这个话音观众听不懂，这'整个的'也不是普通话，是咱们北方话，您在上海就应当用正字，得说'就你这两只眼睛，是

84

百分之百的、全面的猪眼啊',那观众他马上就明白了,就会有反应,跟用手电筒似的,您这'叭'一按,他那就见光,就行了。您按照我这种方法使,明天观众准乐。"

结果第二天他这么一演,"你这两只眼睛是百分之百的猪眼",观众懂了,"哗"就笑了。

下来我说:"爷们儿,怎么样?"白三爷说:"我请你喝酒啊。"

这就是我说的第五个字"通",语言也得通。

最后一个字是最难的了,就是"化"。功夫到了最高境界就是"化境",就是要博采众家之长,经过提炼荟萃,化为适合自己并得心应手的制胜法宝。

鲁迅先生有这么一句话:你的他的,拿来就是我的。这叫"拿来主义"。虽然是你的,但是我在不糟践的前提下拿过来,我还能把它升华,把它提高,化为己有,这个可最难得。

我是个京剧迷,各位朋友也能理解,我就喜欢拿京剧演员举例子。你比方说裘盛戎先生唱花脸,为什么这么受大家欢迎?

因为他的唱腔里有青衣的唱腔，也有老生的唱腔。

再说天津的厉慧良先生，他演武生，大家为什么都爱看呢？别人要演武生，一捋髯都这么捋，老得这样，他感觉怎么样？我是武生吗？搭架子就得这样。

厉慧良先生在抬手的时候，吸收了老生的动作，得让你看着美，舒服，等抬到耳根子这块再发力一捋，这就又是武生的做派了，既不走样子还看着很美。

相声演员侯宝林大师，为什么这么受欢迎？刚解放他就到上海演《戏剧杂谈》，说《朱砂痣》的念白"丫鬟掌灯，观看娇娘"，他就根据这种"通""化"，把上海话搁到里头了，"丫头！打一只灯火来，阿拉觑觑小娘子啥个面孔啊！"观众特别爱听。

我是一名相声老兵，这都是从老先生、老艺人那块学来的，从老前辈的表演当中得来这些体会。但是也得自己动脑子琢磨，如果一天到晚吃饱喝足了就睡觉，那也不行，得走脑子。我说的这六个字，最难的就是这个"化"，也就是把别人的优点，化归成为我的优点。

26 数高楼 "露怯"浦江岸
闯码头 "进军"上海滩

后来到我十五六岁的时候，我又到上海去演出。在上海什么地方呢？上海有一个最大的饭店，叫国际饭店。国际饭店旁边有一个商场叫国际商场，那里边也有一个像天津的小梨园、大观园那样的一个曲艺场子，能坐三百多人，侯宝林先生经常在那演，1953年的时候，我跟我父亲也到那去演。

我到上海马路那么一走，有很多人不欢迎我。那时候我十六岁，个子也不高，我走着走着，就有人冲我喊："侬哪能啦？侬啥体？"我就说你嚷嚷什么，我一走就"侬哪能啦？侬啥体？"你说这不奇怪吗？我刚到上海来，怎么上海人对我这样？

我也听不懂，当时我不明白，后来我懂了，敢情人家不是骂人的。"侬哪能啦？"就是你怎么回事？"侬啥体？"是"侬啥事体"，就是你干什么？敢情是因为我光顾了抬头看楼，不留神踩人家脚了。

当时新中国刚成立没几年，全国正在建设之中，高楼很少，不像今天似的，连县城都有几十层的高楼大厦，天津那阵最高的楼就是百货大楼，是六层带一个塔尖，其次还有一个渤海大楼，这是天津最高最高的。

上海在那个时候就有二十多层的大楼，像国际饭店，四大公司——先施公司、永安公司、大新公司、新新公司，你看这我都背得上来，后来又出了个永安大楼、摩天大楼、齐天大楼。

　　我十六岁第一次到上海,看见高楼我也新鲜,走在马路上走着走着我就抬头数楼,这十五层,这十六层,这二十层,我光看上面,我净踩人家脚,这边"哎","侬哪能啦?"那边"哎","??侬啥体?"我老踩人家脚,人家不乐意了。说句北方话,我有点露怯了。没见过这么高的大楼。

　　现在这八九十层的楼太多了。国际饭店再和它们一比,就跟我一样,是一个小矬老头儿了。

　　在那个年代上海就有自动楼梯。那叫大新公司,解放后叫上海第一百货公司,简称上海一百,它所在的两个路口一个叫西藏路,一个叫南京路。就好像咱天津的南京路、滨江道、和平路那么繁华。

　　我在哪演出呢?先在国际商场演出,后来又挪到另一个地方叫新世界。

　　上海有个大世界商场,还有一个叫新世界,就在南京路和西藏路口那块。一共有四层楼,三层楼是一个红宝剧场,红宝剧场当时有两个著名的演员,一位叫周柏春,一位叫姚慕双,他们是上海滑稽戏的著名演员,大师级的。他们跟我的师父赵佩茹先生最要好,我和我师父在四楼演出。

　　我们都住在剧场后边,有宿舍,师父住在西马路,有一个饭店叫万国饭店,过去的京剧演员,什么哈宝山先生、金少臣先生、孙玉祥先生都住那,还有我的师娘。住那个饭店可以自己做饭,我那年十六岁,每天我必须得去,给师父师娘打开水,有时候买点儿菜、买点儿米。我师母是南方人,她爱吃米饭。

27 不耻下问虚怀若谷
恩师斟茶记忆犹新

我师父赵佩茹平常很严肃，对徒弟在艺术上严格教育，为人做事方面严格管束。师父和徒弟们从来不开玩笑，不说笑话。我们见着他都有点儿怵头。

有一天，我给师父买完米之后，他坐那说："伯祥啊，你搬把椅子坐那。"我坐下以后，他还给我倒了一碗茶。我当时心里直嘀咕，我心说师父是不是先稳住了我，打算要臭打我一顿。

我爹着胆子说："师父我跟您说个事，您要是叫我罚跪，我自己上墙根那儿找地方去，哪合适我就跪哪儿，您要打我的话，那块有一掸把子，您随便打。"

我师父说："你坐那，我不打你。我也不罚你，我也不骂你，我呀跟你学点儿东西。"

当时吓得我就站起来了，我说："师父您要是不想要我啊，您直说，我跟您认错，给您赔罪。只要您不生气我怎么的都行。您跟我学东西，这不是开玩笑吗？我是您徒弟。"

我师父说："师父难道就不能跟徒弟学了吗？'敏而好学，不耻下问'嘛。"这是我师父说的。我父亲也说过这话。

我师父又说："咱们中国人有两句老话'有状元徒弟，没有状元师父'，我天天在那剧场里演出，每天得换段子，轮到我今天演这段《拉洋片》，师父我有多少年不演了，其中前面的'瓢把儿'（即开头）我记不全了，你给我说说吧。"

我们一段正式的相声，从结构上分一般要分垫话、瓢把、正活和底四部分。瓢把就是垫话和正活之间的过渡，要求不露痕迹，自然而然地进入正活。一般要演这《拉洋片》，前面必须得垫上两三段拉洋片的唱。拉洋片还有京八张、怯八张、水箱子、丈画好多种。

京八张就是说带点儿北京味的洋片，怯八张过去天津的鸟市、"三不管"那儿也有，我现在年纪大了，韵味不那么好了，年轻的时候都得会唱这个。一响伴奏"次个隆咚仓"就唱，"往里瞧，这头一篇，这天津卫里头你来观观，九河下梢的天津卫，三道浮桥有两道关，南门外海光寺，北门外头北大关，西门外头校军场，东门外头有个盐滩，这鼓楼修到那个正中间来，次个隆咚仓，黄牌电车呦，它就上海关"，这是怯八张。

当时拉洋片唱得出名的有位大金牙，他本名叫焦金池，是北京天桥的"八大怪"之一。

他还有个徒弟小金牙叫罗沛霖，我师父打算要学的就是小金牙的那种拉洋片。他给忘了，忘了怎么办呢？他知道我会，他说伯祥你把小金牙那个《拉洋片》你能不能给我说两句，我好晚上演出去。

我说："您真忘了？不是拿我开心？"师父说："我真忘了，我知道你会这个，你就给我学学。"

那我就给师父学了几句小金牙的《拉洋片》，因为大金牙我没赶上，小金牙我擦肩而过，我们说相声的有很多的演员会小金牙的《拉洋片》，你比方说北京有一位孙宝才，学得最好，他外号叫"大狗熊"。

还有一位王长友先生,就是赵振铎的师父,也就是李金斗的师爷。虽说王长友有点"公鸭嗓",但是他唱出来有味儿,其实大金牙、小金牙也是公鸭嗓。我师父说你听过王长友先生的拉洋片,给我学学。

我说我是在济南晨光时听的,就会这么几句,我不敢说教给您,我唱几句您听听啊,"次个隆咚仓,再往里头再看哦,咱们又一层,来到了苏州大街哟,你就看个分明,这苏州大街长有十几里,他的招牌幌杆可就挂在了门庭,这边开的米粮店,那边卖的本是宝雕弓,在当中站着一位小大姐哦,次个隆咚仓,小大姐十七八岁哟,她就正在年轻啊,哎……"我师父就跟我学了这几句,晚上演出就用上了。

相声演员也好,京剧演员也好,很多老艺人的艺德不仅值得我们赞佩,而且值得把它传承下来的。

为什么我师父这么大的演员,还要跟我这个徒弟来学东西?说明老先生谦虚好学的优良品质,这一点很值得我们学习,他们好的行为方式应该成为我们的楷模,是值得我们继承下来并发扬光大的。

28 师徒重逢 兴高采烈讨欢喜
事与愿违 弄巧成拙受批评

我师父他是这样谦虚好学,当然他也对我发过脾气,这是转年我从上海又回到济南晨光那演出时的事儿。我师父这一年见着我,跟我发了一回大脾气。

"人无完人,金无足赤。"是说一个人不可能不犯错误。有一位大政治家说过这么一句话:聪明人不等于不犯错误,聪明人是善于改正错误。

这句话不是我说的,我没这么大的学问,那么是谁说的呢?这是一位伟人,弗拉基米尔·伊里奇·乌里扬诺夫·列宁同志说的。

我虽然不是什么政治家,我只是个演员,但是我知道有错就必须得改,这个地方是我应当学的。

1951 年,兄弟剧社扩建为天津市曲艺工作团。常连安为团长,我师父赵佩茹为副团长。1954 年秋天我师父带团到济南人民剧场去演出,演员中有骆玉笙、花五宝等名家。

在没演出前,他先到济南晨光相声大会拜望一下,他得到后台去看看老朋友和同行。

晨光这园子不大,也就是坐二三百人,前后台就隔着一个布帐子,后边就是个写账桌,当时是零打钱,就是一段一敛钱,那写账先生坐桌子旁边做记录,这一段收入多少,下一段多少,散场之后好给大伙分。

　　在后台你只要小声说话，就不会影响前台演出。我那阵正在晨光演出，我师父来了呢我给他端的包子，打的白酒，晨光旁边那有一个包子铺，是天津狗不理的分店。恐怕是下午五六点钟了吧，因为他不演出，他在那喝着酒，孙少林先生陪着他听听相声。

　　我说师父您在这喝着，该我上场了，咱爷儿俩又一年没见了，我给您说段《地理图》，您再给我指导指导。

　　那会儿相声大会是轮番上，是从下午一点一直演到晚上十点半，也许我这一天要演四五段，这个时候该我上场了，我从小的时候我就爱说贯口，像《开粥厂》《大戏魔》《报菜名》。我师父来了，我得给您说段贯口活做个汇报，

　　我在台上卯足了劲，"嗒嗒嗒"把全国全世界的地名一背，"我走的是德胜门，出德胜门走清河、沙河、昌平县、南口、青龙桥、康庄子、怀来、沙城、保安、下花园……"我在台上非常卖力气，正段子前面我找了好多好多的包袱、好多好多的笑料，这观众也很欢迎，效果特别好。

　　等我一下台，我给我师父倒了一杯酒，我说师父您一年没见我了，您看看我还有哪些应该提高的？再看我师父，脸沉下来了。问我："你刚才说的是什么段子？"我说："小时候学的《地理图》，传统段子。"我师父冷冷的来了句："不像人话！"我当时就吓坏了，赶紧问："师父，怎么个不像话？"我师父说："有你这么说的吗？"

　　我说："您来了，我卖力气使，头里垫俩包袱，后边背贯口，

93

没出错啊。"

师父又问我:"你跟这指路的认识不认识?"

我说:"我们俩不认识,我到这来找人,找人因为我找错地方了,他胡支我,我才背这么一个《地理图》。"

师父说:"你不认得他?那你上去为什么损少臣啊?你怎么这模样啊?你拿他开了半天玩笑,你为什么找这么些笑话啊?"

我说:"找这些笑话,这不显得热闹吗?"

师父反问我:"为什么要热闹啊?"

我说:"您不是我师父吗?您来了我得卖点儿力气啊,观众一欢迎您不高兴吗。"

我师父说:"我来了你就卖点儿力气,如果更大的官来了你怎么办呢?要是省长来了你不得跪地下?以后你该怎么说就怎么说,不许这样。坐下吧,吃包子。"

我师父就是这样严格地教育我,告诉我说相声一定要合情合理,起码也叫它尽情尽理,不能胡说八道。你和捧哏的一会儿认识,一会儿不认识,你到底算是什么相声?

今天我说一句,是我自认为没错但很可能不受很多人欢迎的话,今天我们有些相声就不规范,不合情理。有一点儿东一榔头西一棒子,缺乏逻辑关系,哪儿跟哪儿都不挨着。

我们要尊敬老先生,可不等于我们就不前进了,我要不前进,刚才我就说不出那弗拉基米尔·伊里奇·列宁的名言来。我们得学习,得让相声发展,好的东西该用的时候就得用。这是一个建议,相声还是应当规范一点儿,让它尽情尽理,这是最起码的。

我师父转过天来就在济南人民剧场开演了。由于天津市曲艺团强大的阵容,在济南的演出非常非常地受欢迎,后来济南还根据天津市曲艺团的模式,成立了济南市曲艺团。

不过济南市曲艺团有些曲种跟天津不一样,天津有京韵大鼓,像骆玉笙老师、小岚云老师,有王毓宝老师的天津时调,这是咱们京津的曲艺。山东曲艺界也有很多的名演员,我对他们非常熟。比如有一位北方琴书的创始人叫邓九如,他最好的段子叫《打黄狼》,还有一位坠子优秀大师叫郭文秋,还有一个山东快书演员叫杨立德先生,水平不次于高元钧先生,但知名度没他大。

1950 年新中国刚刚成立,常宝堃先生跟我的师父赵佩茹先生第一批参加了抗美援朝的慰问团。

我看过记录片,那个战争打得多么惨烈啊。美国飞机上边那个机关炮一阵扫射,常宝堃先生、程树棠先生牺牲在朝鲜了。当时我师父赵佩茹先生也受了伤,胳膊上留下三个很大的伤疤。我师父跟我说,那枪子儿跟一般步枪子弹不一样,它跟小黄瓜似的那么大。

29　寻发展　重返天津卫
　　　找工作　屡遭闭门羹

新中国成立初期演员的流动性太大，我也先后到过大连、合肥演出，我就不跟大家汇报了。

新中国成立初期我回到天津，那时候和平相声队有冯宝华、阎笑儒、尹寿山、耿宝林、于宝林，鸟市的相声大会是杨少奎、刘奎珍、张宝如，还有刘聘臣、王本林等人，全都是有本事的演员。这两个相声大会阵容最强，可这两个地方人员已满，所以其他演员就要另谋出路，这就有了南开相声队。

1956年我从济南回到天津，相声圈都知道我有些本事，可也有人说我清高，还风传我有些狂，也不知道是谁传出来的。反正同行之间有些事很微妙，只可意会不可言传，也说不清楚。

当时市曲艺团门槛高，根本进不去，我就想进和平区相声队，相对而言它比较正规，当时班德贵师叔是队长，冯宝华师叔是工会主席，我去了说：叔我打算来这行吗？他们让我回家等信。等了几天没信，我的脾气也急，关键是找不着饭门心里不踏实啊。我又跑鸟市相声大会找张兴汉，我说叔我从济南回来了，我上您这来行吗？他也有点儿为难，说你这事我主不了，你得找谁谁谁去说去。

结果这两个场子都没进去，我就进了南开相声队。虽然不大情愿，可是我得吃饭啊。

当时南开相声队队长是张佩如，有本事，还会唱太平歌词，带着魏文亮、魏文华、田立禾、王文进、茹少亭、张文霞、耿雅林他们在南开六合市场撂明地，后来要求正规了，说不行，你们要进书场计时收费。

　　我和我父亲一块儿进了南开区相声队，最高的收入是一个份，每天可以拿三四块钱，甚至能拿到四五块钱，我一去给我六厘份，没有几天看我还比较受欢迎，就给我涨到了七厘五，后来叫厘不好听了，改成分，一厘折二分，七厘五折合成十五分。

　　那时候的物价是恒大烟两毛三，爆肚一毛五一份，烧饼三分钱一个，白酒六分钱一两，我脑子好还都记得。南市牌坊这边有个全聚德，这边有个燕春楼，两毛四吃葱爆肉，两毛八吃爆三样。您问我怎么知道的？有时我也去那儿解解馋去。

30 登高枝喜上添喜
娶贤妻亲上加亲

　　这时候我舅母和六姨来给我提亲，对方叫刘俊华，是我表嫂的妹妹，我表哥是我舅舅的儿子，当时我父亲身体不好，我常年在外，家里也需要个人帮着我母亲料理家务。这么着算半包办地定下来这门亲事。让我们见了个面，我看她还挺漂亮的，也没什么意见。她当年十七岁，三岁时妈妈就去世了，爸爸当工人挣得少，家里孩子多，她二姐十八岁嫁给我表哥，就是我表嫂，她和二姐差十岁，没事就去看姐姐去，我的舅母就是我表嫂的婆婆，她叫"亲（发庆的音）娘"，我舅母看她不错，就给我们说合，她那时高小刚毕业，说好转年够岁数了就结婚。

　　当时我父亲身体已经不大好了，常年不上班，母亲是家庭妇

相声老前辈张寿臣老先生（中）为李伯祥主持婚礼

女,我也很穷,结婚时只是给她做了一套衣服,买了一双新鞋。

1960年5月2日我们结婚了,我们住的大杂院里有十几家人,结婚那天就在我们院子里待客。自己家摆桌摆不开,就借邻居家摆桌,张家李家的全都麻烦到了,亲戚朋友给我点儿鱼呀肉啊,我的一个把兄弟给做的饭,来道喜的还给我随份子,给个三块五块的钱,还得给半斤粮票,那阵粮食有定量,白管饭管不起。张寿臣先生也来了,给我们当的证婚人。

结婚以后她去街办工厂上班,是给钢厂轧大粒的粉碎厂,每月工资是二十六块钱,每月三十天刨去四天公休日,合每天赚一块钱。这样干了三年,因为粉尘太大,街道看职工都是孩儿妈妈,怕她们得矽肺病,就给她们转到仪表厂去了。

那时家里生活条件很苦,上下水都没有,没有自来水,也没有下水道,卫生间也没有,她每天下了班得挑净水,倒泔水筲,倒土盆磕灰,每年天冷了还要安炉子,装烟囱,连扫房都是她自己干。为了照顾我的父母,她可是没少受累。就是怀孕时还自己去胡同里挑水呢。后来够月了挑不了了,我母亲帮着她,娘儿俩一块儿抬水。

有一回南开相声队到北京东安市场演出去,也是计时收费。当时吉林市电台准备成立广播说唱团,他们去北京找人去,在东单市场相声大会一眼就看上我了,因为我从十几岁就攒

李伯祥与夫人的结婚照

底,人家一看这年轻小伙子还挺漂亮,虽然个不高,可嗓子挺好,又冲又爆,就来跟我接洽,跟我说他们是国营的单位,给我每月工资一百三十块,他们那有个熊猫无线电厂,我爱人可以去那工作,我父亲也可以去当文艺老师。

我看条件挺好的,带着我当时的搭档茹少亭就去了,我们俩把户口都迁过去了,准备就长期在东北待下去了。

我那年二十三岁,我爱人那年十八岁,我们刚结婚半个月,我5月2号结婚,5月底我就跑吉林去了。她掉着眼泪送的我,她问我为什么去,我说为了事业,我得上国营的地方去。

31 老"东家"穷追不舍
新单位忍痛割爱

当时南开相声队是民营团体,是民办官助,自负盈亏,国家有时补助点钱做个大褂,做个桌围子,工资、医疗都要自给自足。俗话说人往高处走嘛,我们年轻人都想奔国营的地方去。

曲艺队就把这情况反映到南开区文化局的文化科,又反映到市里,告状说吉林市电台挖墙脚,要求逮挖墙脚的。最后一状告到吉林省委书记吴德那去了,吴德原先在天津当过市长,能不向着天津吗?结果他就说了句"让他们回去吧",下面就顶不住了,就这样把我们"逮"回来了。

当时电台还给我们开了欢送会,欢送我和茹少亭,还有个坠子演员,台长还真难过,跟我说:"伯祥,实在对不起,上级领导发话了,我们只能执行了。"

结果吉林市委宣传部开的介绍信,派人把我们的户口送回天津的有关派出所,到现在我的户口本上写着我是从吉林迁回的。

回天津以后,相声队要求我们去报到并作检讨,才能恢复工作。有半个多月我没去报到,还是想跑国营单位去。但是有一样把我难住了,我没有粮食吃,你不找他去他不给你开证明,不给你上粮食关系,这可要了我的命了。

我记得茹少亭跟我说:伯祥兄弟,我实在饿不起了,我得检

101

讨去了。我一检讨,他给我上粮食关系,我得吃饭啊。

　　我没有办法,就找南开区委宣传部去了,到文化科作了汇报,人家说你去报到吧,我说他们让我作检讨,人家文化科的干部说那你就随便说两句,就说下回不跑了就行了。这样能先把粮食关系上上啊。

　　这样我去作了检讨,结果把我粮食关系上上了,还把那个月的给我补了,我还挺高兴。就这样我又回到了南开相声队。

32 "瞳春"受责　小心认错
"砸挂"惹祸　大难临头

　　过了一段时间,1961年,合肥市曲艺团说相声的高笑林到天津办事,他是相声名家高桂清的儿子,虽说岁数比我大不了多少,可辈分比我大,我们论爷们儿。

　　他到家里来看我,问我:"伯祥,你不是去吉林市说唱团了吗?"我把经过和他说了一遍,他问我:"你有什么打算呢?"我说我不愿意在这儿待,市曲艺团我又进不去,这好像是个铁闸一般难以逾越。可我本心里还是想进国营团体。高笑林说:"小子,上我那去吧,我那是国营的,我们不是零打钱,我们卖票进剧场演出。"

　　这样我就去合肥了。先后待了将近十年。

　　往往有些事情你想避也避不开,它就是那个年代的真实经历。比方说"文革"那个特殊时期吧,在当时的情况下,文化艺术界、医学界还有教育界有名气、有水平的全都靠边站了,当时的口号叫"打倒三名三高",社会经历了一场浩劫。相声演员也毫不例外地受到冲击,那一个阶段都叫我们"臭老九"。

　　我在合肥曲艺团干了十年,这当中还去过济南,后来合肥曲艺团下放到长丰县。那时经常要下乡演出,接受贫下中农再教育,还要求我们和农民兄弟做到"三同",叫"同吃、同住、同劳动"。要和社员一块儿到地里干活儿,不许怕脏怕累,要到老

103

乡家里入伙吃饭,要交三毛钱,半斤粮票。

有一次我们去合肥五里墩大队参加劳动,带队的是个共青团员叫朱文先,他也是说相声的,是高笑林的徒弟。

到中午该吃饭了,在去老乡家的路上,我想问问他到人家去吃饭,饭钱和粮票是单个给还是敛齐了一块儿给人家,我又怕旁边老乡听见不合适,就跟朱文先说"春典"(行话)"调侃",我说:"拱嘴万儿(姓朱的朋友),一会儿入侯老青窑儿(到老乡家),蓝头子(钱,北方叫杵头,南方叫蓝头)和啃幅子(粮票)是溜着挡(单个给)啊还是嗨着挡(大伙一块给)啊?"

他说:"纂了,一会瞳给你。"就是明白了,一会告诉你,因为他也得再问问领导。

没想到这番话让我们书记听见了,就很严肃地问朱文先:"你和李伯祥说的是什么黑话?必须交代清楚。"

回团以后,还开会批评我们,说朱文先身为共青团员,李伯祥身为多年的相声演员,在贫下中农面前说黑话,这是对无产阶级的公然挑衅,这是给文艺工作者抹黑。

我们赶紧接受批评,作检讨,狠挖思想根源,承认说"春典"是旧社会给我们留下的余毒,这种余毒在我们身上根深蒂固了,我们这么说话对不起党,对不起毛主席,更对不起贫下中农。我们向贫下中农道歉,以后坚决改正错误,做一名合格的文艺工作者,做毛主席的好战士。这一场风波才算过去。

接着就赶上"文化大革命"的高潮了,相声一律都不许说了,全国都要唱样板戏。

我会打大锣,团里就让我打锣。我倒霉就倒霉在相声演员爱"砸挂"上了。有一天团里唱《红灯记》，演到李玉和说："妈，有您这碗酒垫底，我什么酒都能对付。"我那时工资低呀，还要往家里寄钱，我就随口说："你看他生活比我还富裕，他喝酒一喝一大碗，我打酒一次才打二两。"

这一下可惹大祸了，造反派给我打了个发表反动言论，给我贴大字报，让我做深刻检查，最后定为敌我矛盾按照人民内部矛盾处理，"右派"帽子随时可以给我戴上。

这还是我平常人缘不错，没得罪什么人，不然有那官报私仇的会往死里打我。

祸从口出，说相声的因为话多倒霉的可不少。天津的王佩元、赵伟洲也挨整了，济南说相声的赵文起"四清"运动时发句牢骚，好家伙，没给他斗死。好多说相声的倒霉都倒在嘴上了。

33 天翻地覆陷低谷
时乖命蹇受赤贫

这样一来我在安徽就待不了了,就从长丰县把我给送回天津了,交给派出所看管,每周要我去汇报思想。不知道是谁,把安徽那边批判我的大字报底稿给寄过来了,大字报是造反派写的,有好多都是无限上纲夸大其词的,和实际情况有很大差异,也终究不是组织定论啊。可那时候又特别左,派出所看见这个大字报底稿就很严厉地训斥我。警告我好好改造,不许乱说乱动,否则立刻就把"右派"帽子给戴上。我就开始受罪了。我爱人这么多年跟我没少受罪,特别是"文革"时期,我被内定为"右派"送回来的那几年,她不但要操持一家老小的生活。还得跟着我担惊受怕。

我那时挣四十多块钱,交给我母亲过日子。我媳妇这边每月挣二十六块钱,自己留三块钱,其余都交给婆婆过日子。

那时我们有仨孩子了,1962 年我的大儿子松岩出生,和我一样都是属虎;1965 年有的我女儿,老三松涛是 1968 年的。

我们全家收入加一块只有六十多块钱,不够吃的,那阵收电费按灯头算,有个话匣子(收音机)还要算一个半灯头,用电都要算计,过日子就更别提了。

有时候我媳妇中午拎着破书包回家吃饭,回到家转一圈看看没有吃的,就饿着肚子又回到厂里去上班,到单位还不好意思和同事说没吃饭。这还不是一次两次，是经常的事。想起来都让人心酸。

我有时候攒几双劳保手套拿去卖钱，一毛五一双，卖个几毛钱，去买两碗馄饨，拿个锅多要点儿汤，回来全家泡饽饽吃。

有一回去卖手套，忘带户口本了，人家不收，我心里这个别扭、堵心啊，回家时路过解放桥，看着河面的流水，我当时跳河的心都有。

那年头天天借账，每个月开支了以后，张娘还您五块，赵娘还您八块，再买完米、买完煤，手里又拍巴掌了，没钱了，又得找人借。

后来我妈为了帮着我，给邻居家看孩子，邻居有个胖小子白天让我妈帮着带，每个月人家给十五块钱。

刚回天津时，正提倡"深挖洞，广积粮"，就让我去挖防空洞，街道上有那积极分子，就盯着我，看我偷懒不偷懒，随时准备去派出所给我汇报去。

也有那心眼好的老街坊，看我太累了就说伯祥歇会吧，抽根儿烟，还给我颗战斗烟，那时战斗烟一毛九一盒。

我每周六去挖防空洞，我们行话叫"撞窑"，周日要去派出所开会，跟"黑五类"一块儿开会，听民警训话，警告我们老老实实改造，不许乱说乱动，表现不好这顶"右派"帽子就随时给你戴上，我天天就和孙悟空戴着紧箍咒一样，我们的行话叫天天"勒着瓜头子"。

34 身单力薄干房建
含辛茹苦受煎熬

　　我要生活啊，就去房建队当临时工，一天挣一块八毛钱，还要给街道上交百分之十的管理费。待了一年，街道看我没惹祸，就给我在房建转正了，定为三级工，每天工资一块九毛九，当时二级工的工资是每天一块五毛七，四级工是两块四毛五。

　　当时的相声演员，有好多都下放工厂了，当工人去了，有的去农村了，去种地去了。

　　我也当了工人了，因为我也是在地球生长着也无处逃避。在年轻的时候我就挣大钱，也算个高薪演员了，这会儿收入一下减少了很多，家庭负担比原来还重了，真是度日如年，可也只能忍着慢慢熬吧。

　　后来工作调整，三转两转就把我转到了天津市河东区城建运输局，简称叫城运局。那有个房建三队，在仁厚里，现在这个地点有没有我不知道了，后来把我转到房建二队，就在今天的河东区六纬路旁边靠河边那个十三经路。我就在那块当工人。

　　我一上来当什么工呢？灰土工。您可能都听不懂，现在科学进步了，水泥砂浆都是自动搅拌了，打地基也都是机械化了。可那时候是 20 世纪 70 年代中期，房建队盖房子的主要工作就是刨槽垫房心，挖大坑往里垫掺了白灰的土，房心土回填为了结实还要砸夯，砸那种叫蛤蟆夯，还有火力夯。这都是重体力的劳动。

我在房建队里干了有好几年，天天得拿铁锹刨土，拿大榔头砸那个地基。我个子小又没多大劲儿，从小说相声没干过重活，我整天这么吃力地干活，就应了我们天津卫的一句俏皮话，叫小鸡吃黄豆——强努粒(努力)。时间长了就受不了了。

因此我干着干着，身体就出现了一些问题。那个阶段我这个腰和胳膊腿都受了毛病，到现在我这个手指头是弯的，伸不直。因为那时候工作条件比较艰苦，吃饭冷一口热一口的，时间长了胃口也落了毛病。关键嗓音也因此失润了，原来我还能唱，嗓子挺好的，从那以后就不行了，我就转为以说为主了。

我那时干活累得胳膊受了伤，实在疼得受不了了，就得去医院打一针封闭，按照当时的规定，打封闭能给一天假，我家里给我一毛钱，让我买两个芝麻烧饼解解馋。我吃俩芝麻烧饼就算是解馋了，可是烧饼到了嘴里却难以下咽，为什么呢？我这吃着烧饼，我儿子瞪着眼可怜巴巴地看着我，您说我心里是什么滋味呀？

那时候太困难了，走马路上都留着神，看有没有煤渣啊、劈柴棍儿啊，捡回去烧火，省点儿是点儿啊！

35 人间自有真情在
暮年犹念好心人

　　干房建工作的总是室外作业,在马路上干活,那时有农民赶着大马车往城里送菜,人家车把式看我们都那样,可能是可怜我们,有时就给我们扔棵黄瓜,扔个西红柿啊,我到现在还记得那黄瓜是怎么吃的,把黄瓜搁胳肢窝这用衣服一擦,就吃起来,没工夫洗去。有时要是扔棵白菜,就抱家去了。

　　有时我干活累了一天,晚上想喝口酒解解乏,也买不起整瓶的酒,门口有个小杂货铺,卖零酒,一毛三一两,有时我老伴从她每月的三块零花钱里给我一毛三,现在说起来我心里都难过。她给我一毛三,我自己再凑七分钱,有一毛钱一两的,我打二两能喝两顿。

李伯祥与夫人刘俊华(尉迟健平拍摄)

李老师的夫人是位文静秀气的老太太,每次知道我去家里采访,都提前沏好茶端过来,打过招呼就忙别的去了。这时安静地坐在旁边听李老师谈话。听到这时,老太太也很感慨,插话说那时真是太穷了,不像现在,买鱼买肉都不算什么。当时只要家里有米有面,煤球桶里是满的,心里才踏实,有菜没菜倒无所谓,给他蒸米饭,沏点酱油汤也是一顿。(执笔者注)

住大杂院也有好处,天热时,我就把饭端到院里,借着公用门灯的光亮吃饭。邻居李伯伯回来碰见了,喊我说李师傅吃饭了?我这有好烟,恒大的,来两颗烟吧。这家老太太熬鱼指着孩子喊我舅舅,说小舅舅吃饭了,来四条鱼吧,就手指头那么长的小鱼给我四条,那家再给我端四个饺子,我这就美餐一顿了。

那时候就盼着过星期日,因为有谁家房子坏了要修理的,让我去当小工子,和和泥啊打个下手什么的,人家不但管两顿饭,还给一盒烟,晚上还管二两酒。我就很知足了。

创作相声《教训》《不正之风》的王鸣禄,还给我找过一份儿"美差"。有一回他和我说:"伯祥,你这礼拜日也没事,唱坠子的刘玉双她们家里地面坏了,要磨洋灰(水泥),你去帮着和和灰吧。"

我们单位去了两个瓦匠师傅,我负责给他们和灰,到现在我还会和灰,把沙子弄一个圈,把洋灰(水泥)倒在中间,拿自来水管子放水,然后圆着圈拿大铁锹往里翻,然后再翻回来,还不能跑了水。要不到现在我的这个手指还是弯的,都是那时候累的。

人家刘玉双家还真不错。她们家挨着山东路,不是狗不理总店在那嘛,晚上给我们买的狗不理包子,还一人给一盒恒大烟。哎呀把给我美得呀!

我得感谢人家王鸣禄啊!

说到这,李老师哈哈大笑,他的夫人说现在说这个乐,当时多心酸啊!当时我们同事都跟我说,瞧你爷们儿多老啊,戴个草帽,穿个破衣裳。可不呗,他心里又愁,也不刮脸,能不显老吗?(执笔者注)

我不是不刮脸,是买不起刀架,那一个保险刀刀架好几块。怎么办呢?我们院有个邻居叫吴俊峰,他有把剃头刀,我这胡子实在长了,就让他拿剃头刀帮我刮刮。

那几年混的太穷太穷了,这手头一下子倒不过来,就老也倒不过来。裤子破了打个补丁,这边补上了,还得把那边也补上,好让它对称了。我女儿的衣服也是补两边,我们爷儿俩在马路上碰见马志存了,他看见我直叹气,说哥哥你怎么都这样了。

说相声的刘聘臣是我父亲的朋友,他那时在煤铺工作,一天挣一块八,他家里就一个人,虽说够吃的可也不富裕。他有时星期日来看我,坐到十一点,找我母亲要一个瓶子一个碗,自己去外边打点儿酒,买个菜在我这吃。我都管不起饭。现在想起来我心里都不是滋味。马志存到我家吃饭也是自己带酒。

那时田立禾他们也都下放工厂了,在厂里翻手套,魏文亮蹬三轮,王鸣禄干裁剪,不过他们挣五十五块钱,比我强,我挣四十多,还要交百分之十的管理费。

田立禾看我可怜,来找我说兄弟你这活太累了,你要实在干不了,我给你介绍个剧团,每个月工资七十多块。你不是会打大锣吗,人家那需要。我一听这是好事,说那太好了。他说就是地方远点,我说远点不怕,我想法买辆自行车。他说自行车可到不了,我问那是哪啊？他说倒也不远,就是馆陶县,离邯郸才百十里地,我说不去了,我这头上悬着"右派"的帽子,跑这么老远,人生地不熟的不好办。不过他的好意我很感谢。也是患难见真情吧。

有一年,合肥曲艺团下属的一个文工团想叫我回去。来联系这事的是评弹演员骆德林,到我家来看我,进门时我正坐在小炕桌边上吃饭呢,看我吃的是老米子儿干饭,素炒白菜帮子,他都掉眼泪了。说伯祥啊,你就吃这个啊！你当年可是一个月挣一百多块钱啊！

李老师的老伴听到这还有些不以为然,说那还不错了,还有菜了,比清酱汤子泡干饭强吧？(执笔者注)

我老儿子六岁时得病了,家里就剩一块手表了,五一牌的,是家里唯一值钱的东西了,把手表卖了三十块钱给孩子治病,看完病就剩了一块来钱,愁得我喝了半斤酒,借着酒劲还给家里挑了三挑水。

我老伴那时候跟着我可是受罪了,可她也没有怨言。到今天我也很感激她。

36 忧恐交加老父去世
祸不单行文物被毁

　　1969 年,造反派发现了我父亲有严重的"历史问题",就是解放前他带着我,在南京上过一次给蒋介石祝寿的堂会,那时候"极左"啊,说我父亲是"老反革命思想",很有定为"历史反革命"的可能。

　　我父亲是个老艺人,用我们相声行内的话说他是个"大将",有一肚子的能耐,说学逗唱都好,但是在旧社会他染上了一个很不好的嗜好,抽大烟,那时候好多艺人都沾染了这个不良习惯。要说子不言父,我不能说他,他是我爹,可他一沾上毒品,这人就懒散了,再加上有我这个"小拐棍",他就懈怠一些了,不那么拼命了,这就导致他的业务水平和知名度没有再进一步。可他这样依赖我,反过来把我挤兑出来了,迫使我从小说相声,九岁就"攒底",这也算坏事变好事了,我得挣钱养家呀。

　　"文革"时翻出来我父亲的"历史问题",说他给蒋介石演过堂会,其实当时是蒋介石过生日,好多名演员都去了,在南京的一个大礼堂里演出,我和我爸爸去说了一段《对春联》,给了我爸爸两卷现大洋。我记得现场里那蜡烛有胳膊这么粗,台口正中挂着白崇禧写的四个大字"代理山河"。

　　李老师说到这特地嘱咐,这个你可别写啊,我说当时老蒋是民国总统,这是历史事实啊。(执笔者注)

我父亲本来就有心脏病,这样连惊带吓,病就更重了。当时他已经行走不便了,坐公共汽车都上不了车了,可造反派还强迫他去上班,我媳妇只能用推我们小孩的小车推着我父亲去南开文化宫,然后她自己去上班,下了班再去接我父亲。

后来我父亲的病越来越重,可没有单位证明,医院不给资产阶级、"五类分子"看病。

她们娘儿俩实在没办法了,给我写信让我回来。我赶回天津找到南开相声队商量,说咱是不是实行革命的人道主义,先让我父亲看病啊,毛主席的政策就是三大纪律八项注意,还不许虐待俘虏兵了嘛?

造反派很不高兴,说你这是什么话,我们不是还让他上班了嘛。我说上班他上不了,还是让他上医院吧。您给我开个证明,我给您写个保证书,我按上手印。他要不是反革命那就更好,万一是呢,他就是死了,咱也别叫他反革命逃脱了,您把他那"反革命"帽子给我戴上。

这么着,才开了证明,我送我父亲去看病。到了南开医院,心脏科没有病床,住进了皮肤科,一位三十多岁的女大夫姓管,是镇江人,跟我说送来晚了,我们想办法吧,可是要用什么药还要请示"工宣队"。

住院没几天,我父亲去世了,才五十七岁。

临去世,我父亲还很担心地悄悄问我:"我是不是那反(反革命)呢?"我说:"不是。"他说:"如果要是的话,你告诉我一声,我爬着也往河里奔(指去寻死),我别连累你们。"我咬着牙告诉他:"您别多想,您不是。"我哪敢跟他说您要是(反革命)这"帽

115

子"得我替您戴。

"文革"时的景况是不堪回首啊,红卫兵来抄家,把我家里祖传的几件古董都摔碎了。有一对康熙款的瓷掸瓶,几个康熙年间的香炉,一对帽筒也是老物件,全都毁了,连带福字的茶壶都给摔碎了。还有一套木版的《三言二拍》也都给烧了。

我们院有好几家都给抄了,有一个是"一贯道"的,还有有其他问题的,有挨批斗的游街的,有被剃成阴阳头的,院里有个我们喊老姨奶奶的也被批斗了,最后实在受不了,扎水缸里寻了短见。我们家比起来还算轻的呢。

37 跌落困境 工友豪爽铭五内
重返舞台 领导开明记心中

　　不过我也在生活中学到了不少东西，感觉工人好。我这话是从心里头说的。我刚一去的时候，他们让我上房干活，我刚上去师傅们就说你下来吧，你这样我们看着就害怕，你别挖这个，要指着你这么干，我们就吃不饱了。我在文艺界待惯了，和谁说话都是客客气气的，听这种话太直接了，我开始还有点儿受不了。

　　其实这些工人师傅们说的是实话，就是说你个子这么小，你上去摔下来怎么办？他们就给我找轻活，说你没劲儿别干这个了，给大家弄点水去吧，可到发劳保福利的时候，那时候有手套、有护膝，过年过节还有补助，一样也不少我的，如果差了我的，那几个师傅还提醒我说，李师傅你快领去。

　　这是在天津河东区城运局房建三队、房建二队，我和工人师傅们一起劳动，第一次接地气地跟他们在一块，到现在我也感谢他们。他们不欺负我，他们虽然说话直来直去，有点儿生硬，但是他们的心地非常善良，这些点点滴滴的小事，到如今我也忘不了。

　　希望那些工人师傅们还都健康幸福，我顺便向他们大家问个好。

　　我这人啊，谁对我有一点儿好我绝不忘。

后来房建队有位领导叫韩玉凯,他曾经是罗荣桓元帅的警卫员。韩书记从档案里一看,发现我是个相声演员,就和政工组的组长杨宗信商量,说这李伯祥是个演员,他也转正了,一旦有机会还是叫他干本专业吧,那才能发挥他的作用。

那个时候剧团都取消了或者下放了,但是业余的有搞宣传的。河东区有个文化馆,就在十一经路口河东礼堂那个地方,那个年代相声不能演,我在那不能说相声,可我会唱快板。虽然唱的不好,比不了李润杰吧,但是也跟高凤山差不多,我这是笑话。因为相声演员都得会唱快板,会唱《数来宝》,还得会念喜歌,会演双簧,我就在那唱了几年的快板。我自己创作自己演,表演的节目有歌颂工人的,歌颂好人好事的,歌颂毛泽东思想的。

我就努力演出唱快板。在文化馆演出那段时间,我还遇见了一个非常非常高兴的事情,让我天天欢喜,这件事情到现在我也忘不了。我到那演出去每次还给我三毛钱,还有些粮票。就算演出的补助吧。虽说不太高,可对我帮助太大了,有这三毛钱我就能吃早点了,还可以买包烟,那个时候我还会抽烟,后来忌了。所以说不但干回了老本行,还有意外收入,让我喜出望外。

后来把我调到工程二队了,这时也粉碎"四人帮"了,文艺又复兴起来了,剧团又恢复了,业余演员也可以登台演出了。上级布置说打倒"四人帮"了,要宣传英明领袖,我当时在宣传队唱快板,我一夜不睡写出了一段《华主席登上天安门》,写的都是我的真心话,到现在我还能背。有人问我你重上舞台感谢谁,我说我感谢华主席。我写段子歌颂他。到今天我也感谢,永远不忘!

从那开始我就可以在文化馆演出了,唱快板。这时候还有一段插曲,我在房建队中遇见一位我终生难忘的朋友,到现在我想起这位朋友,我心里还难过,他就是我三十五年的老搭档杜国芝先生。如今他走了,我心里别扭。

杜国芝先生当时就在一个修大马车的单位摆弄大车轱辘,他学相声是张庆森先生的徒弟,当时也在和平区文化馆相声队里头业余说相声。他知道有我这么个大师兄,发现我在房建队看夜,就经常去陪着我聊天。

从1978年他和我联系上以后,我们越聊越投机,他就跟我说,有朝一日您要是能回文艺界,我一定给您量活,现在您业余的时候也可以演出,我给您量活吧,就是给我捧哏。

这样我们哥儿俩就开始搭伙说相声了。在河东文化馆演,有时还去工厂企业演出,当时叫"超肥"啊,演一场给两块钱,有时给个皮包或管顿饭,那时市面上多年未见的对虾也出来了,两块钱一斤,道口烧鸡一块四一只。好家伙,我演两场能买二斤对虾了。心里那叫一个高兴啊。

当时不让说老段子,我就改编了一段《看红岩》,我自己还创编了一个《家庭联欢会》。

119

38 拨乱反正归正路
放弃高薪进市团

时光好快,一来二去就到了 1979 年的冬天。剧团慢慢地恢复了。

天津市曲艺团也恢复了相声的日常演出,招收了一些青年演员,包括现在给姜昆捧哏的戴志诚,还有郑健、王宏、刘亚津,这些青年演员都在天津市曲艺团那学相声,总教师是谁呢?总教师是郭荣起老先生。

郭荣起先生在曲艺团里培训学员,教着教着出了点儿问题。因为郭荣起先生他已经是大师级的了,他擅长的《怯拉车》《打牌论》这些段子,有深度,他教起来得劲。可他讲的有些东西太深奥,青年演员一时理解不了,就得加一个教基功的老师。

我举个例子吧,一个大学的教授,他适合给大学生讲课,可他不一定教得好小学生。青年学员需要打好基础,要从最基本的讲起。

相声里那些打基础的段子,像《地理图》《开粥厂》《八扇屏》《报菜名》,郭先生已经用不着说这些段子了。所以他就推荐了我,说现在有一个中年演员李伯祥你们可以启用,他从幼小学徒,基功很好,教这些个青年演员非常适合。他现在在房建队里看门。

这样曲艺团就派一位干部王慧芝和我联系,到现在这位大姐身体健康,我很感谢她。还有一位,是李润杰先生的女婿叫于加泉,他们骑着自行车来找我,说你能不能到我们曲艺团里当教师去,工资先保留你现在的水平,一年以后表现好转正了再涨。

这时候和平区曲艺团恢复了,刘文亨任团长,赵心敏师哥也在那,他是我父亲的徒弟,就和文亨商量说把伯祥接过来吧。

和平区文化局的干部倪钟之就来找我,说:"伯祥,你师哥赵心敏推荐你,你上和平区曲艺团吧。你一进门定十级,月工资给你九十八,你要嫌少呢,就争取定九级,一个月给一百一十一块五的工资。"

我一听就犯犹豫了,思想作斗争了。要说进市曲艺团,那我求之不得。可进去是教师身份,不是演员,工资也低,还有一年试用期。要去和平曲艺团,我这工资立刻就翻了一倍。

可那时我刚刚经历了"文革",有刻骨铭心的教训,我就想起当年在合肥时,一个好朋友王学渊跟我说过的一句话,这句话让我终生难忘。

他说:"伯祥,如果有朝一日,咱们能重打鼓另开张再说相声,有两件事你要记着,一个是要加入党组织,一个是要进国营单位。那样有保障,不管到什么时候都有组织管你。"

我回家说起进团这事,我母亲是位家庭妇女,不会说别的,跟我说:"伯祥,我现在还给别人看小孩,一个月能挣十五块钱,你少挣点儿也还是进国营(指进市曲艺团)吧。"说到这我心里不好受。

说到这,伯祥老师眼圈都红了,眼角泛起泪花,声音也哽咽

着说不下去了。（执笔者注）

我说那还得试用一年，干得好才有可能转成正式的。我母亲说那你好好干，争取能转正。

我妈一说这个话，我就一咬牙，决定进天津市曲艺团了。

谢绝了和平曲艺团的邀请，我给倪钟之先生直道谢，人家倪先生直为我可惜，说："你这一进（和平曲艺团）门一百来块的工资，钱就压腕子了，你就够吃的了，还有你师哥给你量活，多好啊。"

刘文亨也为我着急，说："师哥你怎么想不开，放着高工资不拿呢？"

我当时在十三经路的房建队看夜，就去和领导说调动的事，当时单位的书记叫傅向东，很支持我，说："伯祥，你就去吧，这一年好好干，转正更好，不行还回来，我这不给你除名，名额还给你保留着！"

39 当教员传授"三翻、四抖"
忆前贤介绍"四有、八德"

　　这么着我就以教师的身份来到天津市曲艺团。教小戴、小郑基本功,就是戴志诚、郑健。附带着教刘亚津、王宏,因为他们有师父,论着管我叫师大爷。

　　我教学员基本功的同时,还给他们讲相声的知识。我跟学员们说,咱们不能忘了我们的老前辈,你们既然说相声,进了专业剧团了,你得知道知道咱们的前辈都有谁啊?我告诉告诉你们,咱们的相声一共有几辈都叫什么名字。

　　从"穷不怕"朱绍文先生开创相声以后,教了四大弟子,名字里都有个"有"字,这就是相声界的"四有",后边又出现了八位带"德"字的相声名家,这就是大名鼎鼎的"相声八德"。

　　提起相声的来源,一般的说来是在同光年代,这个我得跟您解释解释。清朝一共在关内做了十代皇帝,顺治、康熙、雍正、乾隆、嘉庆、道光、咸丰、同治、光绪、宣统。

　　"同光"就是同治和光绪的合称,不是有一幅《同光十三绝》的名画吗,画的就是这时期的十三位京剧名家。

　　"同光"时期出现的相声,其中有一位先生叫朱绍文,我们称他是相声鼻祖。他也是汉军旗人,祖籍浙江绍兴,世居北京。朱绍文幼年间学唱京剧丑角,曾搭嵩祝成科班演出,后改学架子花脸。

　　朱绍文先生学识渊博，因看透清朝政治腐败，决心不再投考科举，靠教戏、编戏、唱戏生活。他擅长编写武戏，创作有《能仁寺》《八大拿》等剧目。

　　清同治初年，由于连年"国丧"，朝廷下令禁止戏园里彩扮登台，不准鸣响乐器，致使许多戏曲艺人被迫改行。朱绍文也失业沦为街头艺人，改行到北京的各大庙会和天桥等处，给观众讲解字意说笑话。他随身带着一把笤帚、一口袋汉白玉的石粉和两块竹板，竹板上刻有"满腹文章穷不怕，五车史书落地贫"两行字，这就是他艺名的由来。

　　朱绍文每次演出之前，先画个大圆圈当场地，这可能就是我们说的"画锅"的由来。接着他就以地面当纸，用白沙在地上洒字，常常勾出丈二大的"福""寿""虎"双钩字，还独出心裁地边洒字边唱《太平歌词》，以吸引观众。后来，他收了徒弟"贫有本""穷有根"等，常常带着一二个徒弟共同表演一个笑话，这就是对口相声和群口相声的雏形。

　　光绪二十年(1894)慈禧太后六十寿辰，十月十日集合各行各业在颐和园宫门外，开设临时摊子供"老佛爷"观赏，朱绍文去了，被封为"八大怪"之首，与醋溺膏、韩麻子、盆秃子、田瘸子、丑孙子、鼻嗡子、常傻子等七位艺人合称为第一拨"天桥八大怪"。朱绍文编演的相声有《得胜图》《三近视》《字相》《老倭瓜斗法》《江南围》《大保镖》《黄鹤楼》《五行八卦》等，有不少现在还在表演。

　　朱绍文晚年定居在毡子房。他最早的弟子艺名叫"贫有本"，贫有本没有传人。后来的弟子富有根(桂桢)、徐有禄(又名徐有福)、范有缘(又名范长利、范一斋),这三位都有传人,而且支脉兴旺。这四位带"有"字的弟子就是"相声四有"。这是在一百多年前的事,遗憾的是一百多年前还没有我,我那个时候可能在外国学习了。这是个笑话。

相声创立初期,朱绍文与阿彦涛和沈春和齐名,他们在北京各立门户,称朱、阿、沈三大流派。阿彦涛(一作阿剑涛),绰号阿二、阿剌二,满族,原来是清门票友,后来家道中落,无奈之下,下海从艺,以单口相声闻名,代表曲目有《须子论》《硕二爷跑车》等。沈春和(一名沈长福),原来是评书艺人,后改学相声,代表曲目有《康熙私访》《古董王》等。后代相声演员几乎都是从这三大流派传承下来的。

也有人认为张三禄先生是相声鼻祖。有一些笑话是张三禄教给"穷不怕"的,但是有人提出张三禄没有正式做相声演员,不以这个吃饭。

这也是百家争鸣,各谈各的。作为我来讲,我认为张三禄先生是我们值得尊敬的老前辈、老先生,可相声鼻祖还应该是"穷不怕"朱绍文,因为他是第一个凭着说相声挣钱吃饭,拿这个当职业并收徒授艺,使相声流传后世的人。

在这一段时间之后,相声演员有一度断档。后来相声又第二次兴起,有一位先生叫裕德隆,他是满族人,是当时相声行"德"字辈的掌门大师兄。

还有一位著名的相声大家叫李佩亭,他根据大师兄裕德隆的排字,把佩亭改叫德钖,这就是"万人迷"李德钖先生。

他这个钖还不好写,顺便我有点儿夸夸其谈了。这个钖当

相声快嘴 李伯祥

李伯祥保存的相声界第三代掌门人"万人迷"(李德钖)的照片

什么讲呢？就是骏马额头上的一种金属装饰物，马走动时发出声响，你想这骏马就够漂亮的了，它又是带响动的装饰品，所以说他这个名字意义很大，李德钖。

"相声八德"有八位老先生，他们的艺名中间那个字都是德字。在舞台声望最高的、最受欢迎的，当然属"万人迷"，他的艺名叫李德钖。他的外号叫"万人迷"，其实这位老先生长得比我也漂亮不到哪儿去。

他一到上海演出，观众一看广告写着"万人迷"，心想这位说不定多漂亮呢，全都争相去看。结果一看是个挺瘦的老头，而且他还面无表情是个冷面滑稽，不禁大失所望，都散了。可是没有听几天，这观众"呼噜呼噜"又都来了，可见他的艺术太好了。

他会的段子多，基功又瓷实，而且能够根据当时社会上的那些弊端、毛病写出相声来。因为过去社会上有很多很多这样那样的毛病，有一位报社的记者给他一部分材料，"万人迷"先生就根据这个材料，写了这么一段相声在天津小梨园演出，直到现在还有很多人说，这段传统相声叫《洋药方》。

《洋药方》说的就是通过给社会上那些有坏毛病、坏习气的人治病，来讽刺社会蔽端。你比方说捧哏的说你要治病，你那是什么科啊？他说我这是"不"症。什么叫"不"症？就是"不"科。一共有多少种病啊？五十多种病。你看我到现在还会背。"我医治的就是不公道。怎么叫不公道？这个人办事一碗水不端平了，您说这种病我给他治不治？"这是一种讽刺。"那么你还治什么？我治不公道、不体量、不憨厚、不认账、不抢阳、不斗胜、不留情、不护众、不服劝、不依好、不识交、不妥靠、不开招儿、不出血、不吃将、不接帖、不齐心、不努力、不架局、不明理、不义气、不客气、不拾碴儿、不上前儿、不拉线儿、不顾面儿、不合槽儿、不抱把儿、不挂火儿、不下本儿、不担沉儿、不碴泥儿、不吃亏儿、不饶人儿、不容份儿、不让过儿、不够格儿、不使劲儿、不分垄儿、不认错儿、不知自爱、不知好歹、不懂得明义、不懂得交情，一切的不伦不类、不管不顾、不依不饶、不三不四、不痴不斗、不行人事、不出好主意、不拉人屎等症我是尽皆治之。"这都是讽刺当时社会的一些不良的现象，这是"万人迷"先生所编的作品之一。

通过这一说，大伙一鼓掌一笑，就对当时那些不良之症进行了讽刺。但是这个段子不好说，这属于贯口型的段子。

当时"万人迷"先生非常火爆，在小梨园攒底，在天津、北京、乃至上海，都非常非常受欢迎。但是他很年轻就离开天津了。他为什么又离开天津那么早呢？有两个原因，因为在过去那个社会，剧团不是那么多，都是比较零散、临时合成的、临时凑一拨，流动性大，哪个地方生意比较好，也许在那个地方演三个月，也许在那个地方演半年。另一个原因就是"万人迷"李德钖先生在天津红了这么多年，这时候，相声行中又出了一位好演员,也是我们的老前辈张寿臣老先生。

　　张寿臣先生是德字辈下面寿字的领军人物,这位老先生更了不得。

　　那么"万人迷"先生离开天津一方面是想活动活动,换换地方、换换观众,另一方面他感觉张寿臣已经要飞黄腾达了,我躲开他一阵给他一个空间,先让他在天津把大旗扛起来。这就是当年老艺人的心胸,这艺德多高啊!就这样,"万人迷"老先生就去东北了。

　　"八德"说了两个德了,还有六位带德字的。另外有周德山,还有刘德智、焦德海、马德禄、李德祥、张德全。这八位就是大名鼎鼎的"相声八德"。

40 承上启下尊师重道
光前裕后雅俗共赏

相声界从"德"字辈开始是重新立祖，下一辈就是寿字的了。寿字辈里面掌门的大师兄就是张寿臣，后来张寿臣又建议把相声演员排序定为"德、寿、立、仁、义"五个字。

"德、寿、立、仁、义"这五个字指的是相声这几代人的排名。你比方说张寿臣、李寿增、李寿清、尹寿山，都是寿字辈的，还有马三立、高桂清、马桂元、郭荣起他们，虽然名字里没有寿字，可都是寿字辈的。

张寿臣先生的相声好，他好在哪点呢？"万人迷"先生把平地里的相声捧到舞台，张寿臣先生把相声变成不仅是讽刺而且突出了文学化，也就是说他的俗中有雅，雅中有俗，这就叫大俗大雅，这两者他处理得很好。

他因为古文好，念过四书五经，四书指的是《论语》《孟子》《大学》和《中庸》；而五经指的是《诗经》《书经》《礼经》《易经》《春秋》，这些方面张寿臣先生都很有研究。所以他的相声带有一种文学性，他随便说一个散碎的小包袱，都是带有文学性的。

他说北京有一个地方叫西单牌楼，这边有个东单牌楼，可是北京人就不这么说，很简单，您上哪啊？我上东单。您上哪啊？我上西单。就这个"单"，做地名时念单(dān)，要是搁在姓氏上就不能念 dān，就得念 shàn 了。你比方说隋唐里边有一条好汉单雄信，有一出京剧叫《锁五龙》，里边的主角就是单雄信。另外，还有一位说评书的先生，这位评书大家叫单田芳。他的嗓音虽然有些嘶哑，可听着好听。"要说这位大英雄，带好了行囊包裹，带好了散碎银两，晓行夜宿，从北京出发，这一天来到杭州地面。"这就是单田芳的书词。

还比如说《苏武牧羊》，里边有一个匈奴王，叫呼韩邪单（chán）于，单于造反，领军数万，侵犯中原，匈奴的首领称号叫单（chán）于，不能念 dān 了，你说"单（dān）鱼"造反，单鱼就是一条鱼，大伙吃饭够谁吃的？更不能念"善"了，你要念"善"的话那就笑话了，"鳝鱼"造反，"鳝鱼"都造反了，你说他领着谁啊？鳝鱼是头儿，后面带着拐子，带着偏口，带着鲤鱼，都过来了。"呼噜"一下子，那不是造反，那是开口子了。这么说大伙一听就乐，到鳝鱼这观众就乐了，他可以用文字、文学来跟你讲这种笑料。

从正能量上来讲，相声行业是一个团结的队伍，是个和谐的队伍，尤其是在尊敬长上方面，非常强调尊师敬友。师徒如父子，不仅是对师父，对师叔、师兄同样尊敬。常宝堃先生他艺德高尚，也是因为受前辈的熏染，我们中国人有句老话叫"近朱者赤，近墨者黑"，今天我们这个行业，尊敬长上，尊师敬友，就这么传下来的。

"相声八德"老先生们离我年代太远了，张寿臣先生我是赶上了，虽说在他壮年的时候，我还是一个娃娃，甚至是一个小娃娃，但是我听完了我就受熏染。张寿臣先生在天津曲艺界的美称叫"相声大王"。当时有评书大王、单弦大王、相声大王、鼓界大王几个大王,他是其中一个,他已经在天津、北京红得不得了了,但是他见着长辈,不管知名度比他高的还是没他高的,他同样尊敬。

我记得听老先生说,有一次张寿臣先生坐着三轮车走在马路上,对面来了一位老先生,叫周德山,也是"八德"之一,要论辈分比张寿臣先生还高一辈,但是他知名度不如张寿臣先生那么大,这是客观存在。就像我现在说了这么多年相声了,还有很多很多比我年轻的演员,我也没有人家的知名度大,这是一样的。但是张寿臣先生就是对我们这个行业规矩非常非常的认真,看见长辈来了,他坐在三轮车上,赶紧拍拍这个扶手,告诉那蹬三轮的停下来。张寿臣赶紧下车,在便道上冲着周德山按照老礼请安:师叔您好。

因为过去的人都讲究请安,请安代表大礼,一般的平辈是作揖。作揖也有讲究,得把左手搁前头,右手搁后头,因为左手盖右手寓意隐恶扬善。

周德山先生有个外号,我就恕个罪说叫"周蛤蟆",那时叫外号不出奇,是表示一种对你喜欢。张德全也有一个艺名,我不好意思说,叫"老张麻子",我还有一位师叔张永熙先生叫"小张麻子"。还有观众管侯宝林先生叫"幺鸡",管郭启儒先生叫"土豆",管孙宝才先生叫"大狗熊",现在大伙管我叫"李快嘴",这都是外号,也是观众喜欢你的意思。

说起"德、寿、立、仁、义"的"立"字,张寿臣先生的徒弟艺名中都有"立"字,另一个字还大都有木字旁,比如大徒弟常宝堃艺名叫常立桐,刘宝瑞艺名叫刘立棠,还有个徒弟叫冯立樟。另外还有一位老先生落在武汉了,叫康立本,本字就有木字加一横。天津还有一位老先生叫穆祥林,他的艺名叫穆立梳。

目前,天津还有张寿臣先生一位关山门的徒弟叫田立禾,田立禾虽然没有木字旁,但他这个"禾"就是木字加一撇。

41 张寿臣作门长德高望重
侯宝林称大师推陈出新

相声演员讲究艺德，我们有的时候听到别的行业里的艺德好，我们也跟着羡慕、学习。

比方说中国京剧院，刚一建团的时候，有四大主演，李少春、袁世海、杜近芳、叶盛兰，我也得向人家学习，不管是不是说相声的，只要是艺德好就得学习。在谢幕的时候要是按排位来讲，李少春先生应当站在中间，因为排位有顺序，但是李少春先生得再三谦让，得让袁世海站中间，因为他学艺早。

同样，袁世海先生无论如何也得叫叶盛兰先生站在中间，为什么呢？富连成排字是"喜连富盛世元韵"，盛字科比世字科要早。

再有一个美德也是我们值得学习的。解放初期，剧团大都是民营公助，但是也得给你派干部，这里边的业务团长都是名演员。

过去有个太平京剧社。太平京剧社最早谁在那演出？"谭裘"，不是说拿他们开玩笑，不是这个"弹球"，是谭富英先生和裘盛戎先生。后来马连良先生跟张君秋先生也合并到那个团了，马、谭、裘、张"四大头牌"，并改名北京京剧团，就是今天北京京剧院的前身，这个团是这么来的。

在民营公助的时候，挣的工资都是自己定，据说有一位领导就问马连良先生,马先生您看这回合并了,您有什么要求?要是按照四大须生来说,当然是马连良在第一位,"马谭杨奚"嘛。马先生说了一句话,到现在我都感觉这个人艺德太高尚了。

马先生说,我是跟谭富英一块合作感到高兴,因为人家谭家是正宗正派,谭派老生,谭鑫培、谭小培、谭富英,人家这是世家,我不能够比谭富英先生多拿一分钱。

干部听完了很感动,回来问谭富英先生,说谭先生您有什么要求吗?谭先生说马连良师兄比我多拿一分钱也得比我多拿。因为我还没有出科,人家都已经挑班了,就是自己带着一个剧团了。这种互谦互让的美德真值得学习。

拉回来再说相声行,我们的老演员、老艺术家,张寿臣先生也好,常宝堃先生也好,都知道尊敬长上、尊师敬友、互相团结、互相礼让,所以说张寿臣先生他们又把相声的风格、格调提高了一大块,而且他老年所说的单口相声,有很多很多的都是文学性很强的,像《白字会》《挂匾》,完全都是张寿老的拿手作品,您本事很大,又教了很多很多的徒弟。比如单口相声大王刘宝瑞先生,还有一个大徒弟叫常宝堃,可惜抗美援朝牺牲在朝鲜了。常宝堃就是"小蘑菇","小蘑菇"最初不是艺名,是外号。因为他的老爷子常连安老先生最早在富连成学过老生,又会变中国戏法,那么常宝堃小时候跟他的父亲到张家口一带卖艺的时候,就会说相声,又会变戏法,又非常滑稽,张家口那个地方盛产一种产品就是蘑菇,大家都喜欢蘑菇,他这么点儿小孩既会说相声又会变戏法,大家都很爱他。就给他起个外号"小蘑菇",这么就给叫起来了。

因为宝字这一代演员学名带宝字的太多了，有很多成名的，你比方说常宝堃、刘宝瑞，这都是家里给起的名字，还有常宝霖，艺名叫"二蘑菇"，还有常宝霆，就是因为叫宝字的太多了，好多人就认为这个辈就是宝字辈的，实际上应该是立字辈。

另外，侯宝林就是他的本名，那就更是一位了不起的大师了，特别是解放后，他的成绩那可就更大了。

侯宝林的"林"原来是麒麟的"麟"，后来改成了双木林。他为什么要改成双木的呢？这里有一段戏说的故事。因为侯宝林先生的师父叫朱阔泉，艺名大面包。不仅相声说的好，而且能够唱京剧，他唱京剧是滑稽京剧。你比方说我们相声的"腿子活"《黄鹤楼》《洪洋洞》《捉放曹》《天霸拜山》《法门寺》，虽然说这是相声，但都是从滑稽京剧里边演变过来的，朱阔泉最喜欢的一位演员就是周信芳先生。

周信芳的艺名叫麒麟童。有一年周信芳到北京演出，朱阔泉先生去后台拜望，告诉管事的说我是说相声的朱阔泉，前来拜会麒老板，管事的到后台没说清楚，周信芳先生误以为是听白戏的，就说不认识，免见。管事的出来一说，弄得朱阔泉又羞又恼，败兴而归。

他回家后越想越生气，说你麒麟童有什么了不起的，我今后收徒弟就叫麒麟童。后来他收了三个徒弟，大徒弟叫李宝麒，二徒弟就是侯宝麟。还有一个三徒弟久居唐山，叫王宝童。这三个字搁在一块呢，就是麒麟童。

后来侯宝林先生可能写这麟字太费劲了，最主要是觉得这样不合适，不利于团结，后来就改成双木林了。

侯宝林先生对相声的贡献很大，他净化了相声的内容，提升了相声的地位，把相声的格调再度提高了，他说的相声非常干净，又非常透亮。不仅能够登大剧场了，最大的戏院他也登。像南京会堂是过去开大型会议的，他在那儿也演过，而且在天津的中国大戏院也是场场满座，

1990年春，李伯祥夫妇及女儿、孙少臣夫妇与相声大师侯宝林合影

他表演时没有错字，至少说错字很少。我们随便举个例子，这是他教给我们的：您干什么去？我晒太阳。他说这句话就不对，你晒太阳，你有多大亮你把它晒了？应当是我去叫太阳晒晒，日光浴。他说相声演员说话一定得合乎道理。比如您在哪吃饭呢？我吃食堂。食堂那么大个你吃得了吗？应当说我在食堂里就餐，我在食堂里吃饭。你比方说我们演的那出京剧《空(kòng发四声的音)城计》，他说这就不对，那叫《空(kōng)城计》。

他在语言上很讲究，后来还被北京大学聘为语言教授。

他的另一个贡献是什么呢？他有本事，是个全才演员，说、学、逗、唱都好。你比如说相声演员有唱，唱个太平歌词，唱个数来宝。我也会唱太平歌词、数来宝、念喜歌，可是侯先生更全面，因为他喜欢京剧，他京剧唱的好。他本身嗓子条件也好。

在京剧里边他会的也比较全面，老生、老旦全行，特别是小生特好。过去相声演员也有会唱京剧的，像王世臣先生、郭荣起先生都能唱京剧。侯先生还有一个最大最大的特点，他到了上海能唱越剧。

其实越剧的发源地是浙江，侯先生到了上海他能够唱越剧，这很不简单。因为久居南方的相声演员也有唱越剧的，你像张永熙先生他就会唱，但是解放以后北方唱越剧最好的相声演员，那得说人家侯宝林大师。

有一个相声段子《戏剧与方言》，就是侯先生整理改编的。京剧里有这么一出戏叫《朱砂痣》，那个老员外韩延凤有一句道白，是北京话，"丫鬟掌灯，观看娇娘"，这是北京话，京字京韵，可是侯先生到上海呢，就把这两句"丫鬟掌灯，观看娇娘"用上海话来说成一个包袱，观众笑得就不得了了。上海怎么说呢？上海管这个不叫丫鬟，叫"乌逗"。不是乌豆，乌豆那我就下酒了。掌灯不叫掌灯，叫"拿一把灯火来"，看看不叫看看，叫"窥窥"，姑娘不叫姑娘，新媳妇不叫新媳妇，叫"小娘子"，漂亮不漂亮叫"啥个面孔"，就是什么面孔。侯先生说你要是用上海话说这句京白，上海人听着高兴，北方人听不懂的，"乌逗！拿一扎灯火来，阿拉窥窥小娘子啥个面孔啊！"

我跟人家侯宝林先生比，我永远永远是学生，他对相声的

137

发展、创新、创造都下了很大的功夫，对相声的贡献很大。

　　而且侯先生歌曲唱的也很好。解放前有几段当时的流行歌曲，像周璇、周曼华、白光唱的歌曲他都能唱得很像，所以说侯先生他技术全面，说学逗唱，样样精通，是我们相声界贡献很大的一位老前辈。

42 捧逗俱佳方为贵
德艺双馨更是强

说相声，没有一个好捧哏的是不行。提起好捧哏的，相声界有几位，白全福先生那当然是了，郭启儒先生那就更是老一代的了。郭启儒先生给侯宝林先生捧哏非常好，作为捧哏，他不夺戏，不漏戏，不抢戏，不闹戏。

因为侯宝林先生站在台上一说，就文质彬彬的很雅致。咱举个例子吧，演《关公战秦琼》。其中有一段完全是侯宝林先生自说自表，说到那秦琼一出来他嘴里得念锣鼓经，可如果说光逗哏的一个人在这块"哐切切切"，他就尴尬，木得慌。这个地方郭启儒就加了一句话："正冠。"因为京剧里边这个动作叫正冠，这句话就好像把一面墙上有缝子拿腻子溜上了，更严谨、更好看了，但是这一句侯宝林先生不一定提前告诉他，他还得懂得京剧，知道这叫正冠，他就恰到好处地加上这一句，待会儿侯宝林先生继续表演"哐切切切"，他又加一句"捋髯"，等待会儿侯宝林先生一说话，他马上就不言语了，聚精会神地看着他，这种捧哏的属于巨匠、大师级的，因此侯先生这么多年不能够离开他，逗哏的跟捧哏之间的关系就这么密切。

到我这辈，我虽然是叫伯祥，这是我师父给我起的学名，但我的辈分是仁字辈的。常宝堃先生的徒弟叫李伯仁，这个到仁字辈的给调过来了。

139

还有一个"小立本",东北说相声的,就是康立本的徒弟,他叫李蔼仁,因为他个子矮只有一米三几,这是生理缺陷不能笑话,先生给他起了个和蔼的蔼,叫李蔼仁,苏文茂先生的艺名叫苏仲仁,他学名叫苏文茂,后来有人根据他的名字排文字了,有刘文亨、刘文贞、魏文亮、丁文元、杨文彩,还有刘文彩啊,袁文会啊,后边这俩都不是啊。

从仁字排名有苏仲仁,李蔼仁,李伯仁。黄世仁不是这家的。

文茂是他的学名,他的艺名最早叫苏伯光,后来因为伯字跟老先生重叠了,包括我这个李伯祥,后来就改名字,他这个伯光改了,就改仁字辈的,叫苏仲仁。是他师父常宝堃先生给起的。过去都得听师父的,很严格,师父说什么就是什么,相声界讲究尊师敬友。

那阵说相声都得贴海报,不像现在有电视那么广泛宣传,海报贴出来某某人在这演出。

可苏文茂先生有特殊情况,他的母亲守寡多年把他拉扯大,老太太文化不高,你写上苏文茂,他母亲到天津来找儿子能找得着,你要贴苏仲仁,老太太她不知道,你贴苏伯光她也找不着。

后来苏文茂先生就跟常宝堃先生请求,师父您看看我能不能拿我的学名文茂替代我的艺名,他说我母亲万一那么大岁数找不到我,她得着急。因为苏文茂先生他很孝顺母亲,

常宝堃先生很开明,一听他孝顺母亲,就破例同意了。因此再写海报就写苏文茂了。

苏文茂先生不单孝顺母亲,连岳母也照样孝顺,这个好师兄。中国人有句话说得太对了,"百善孝当先,孝者德之本也"。

他拜师那时候很年轻,他是十四学的徒,说的又挺好,大伙都喜欢他,我艺龄比他晚一年,岁数我比他小九岁,由于他学艺早,名字叫文茂,后来我们这一辈的人,也就根据他这个"文"字都起"文"字了。你比方说有位天津的老演员杨少奎先生,他给徒弟起名都是文字的,著名的是在"元、亨、利、贞、学、习、进、步"前边加一个文字,再加上本人的姓,就是丁文元、刘文亨、任文利、刘文贞、张文学、张文习、王文进、刘文步,他还有些徒弟就没排字,像姜伯华、孙福海、彭凤林。?他们也都是杨少奎的徒弟,另外还有武魁海先生的徒弟也是按文字起的名字,像魏文华、魏文亮、陈文光、张文霞等。

这不是坏事,都愿意叫这个文字,这不是也挺好听的吗?

苏文茂先生是我的兄长,长我九岁,是个老师兄了,要是按我们相声队伍来讲,他就是我的老班长,我是他的老战士。

苏文茂先生的相声不瘟不火,不出洋相,不胡来,不胡闹,规规矩矩地演他的正能量的相声。大家送他一个美誉"文哏大师"。

相声《批三国》《论捧逗》《文章会》过去就有,苏文茂虽然长得不是多漂亮,但是有浓厚的书卷气,他往那一站就像个学者,所以说他的《批三国》《文章会》说出来,给人感觉可信,觉得这个人就是有学问。

苏文茂先生后来成为著名的相声演员,一位"文哏大师",他也离不开两位捧哏的。最早一位给他捧哏的叫朱相臣,我的师叔辈。这个量哏的是属于大家级的,非常的好。苏文茂先生前半生舞台上的效果这么好,在观众中享有这么高的知名度,跟朱相臣先生是分不开的。后一位捧哏高手叫马志存,和苏文茂先生合作多年,表演了很多的好节目。可惜因为疾病马志存五十多岁就英年早逝了。

我们说相声分账一般的是"四六""三七",是指捧逗之间的比例,这是一个比喻,不是绝对性的。朱相臣先生跟苏文茂两人合作就是"五五"分钱,虽然朱相臣先生给他捧的好,那么逗哏的苏文茂也绝不含糊,他从来不闹,不嚷嚷,不出洋相,不出怪音,他说了一辈子正能量的相声,

有人问过我,苏文茂先生他到底哪点好?按照梅兰芳先生的艺术观点,他叫"移步而不换形",就是你有千变万化,他的地基不动,他的原形不动,他老是保持他的原状,不管你上边怎么千变万化,他的地基不改,像榫卯结构的古建筑,是非常坚固、特别扎实的,所以说我这对苏先生的评价并不是夸大其词,因为他这一辈子实实在在地说相声,老是稳扎稳打,这是别人包括我都很难学到的。提起苏先生的功力,我说他是一步一个脚印走出来的,是坐科的老徒弟,是我们当之无愧的老班长。有人说他老段子说得好,可他说起新段子来,也说得是头头是道。比如他的《废品翻身记》《新局长到来之后》《高贵的女人》,这些都是难得的精品

应该说"德、寿、立、仁、义"中的义字就没叫起来,现在一般约定俗成的说法是"德、寿、宝、文、明",这个也是大家对我们相声界的关心,不约而同地用五个字来为相声演员排序,我作为一个相声老演员、老兵、老战士,我表示欢迎,感谢大家对我们相声界的关心,但是我的名字还是叫李伯祥,我为什么不能改呢?派出所不干。

43 上海演出旗开得胜
太原创收马到成功

我进了天津曲艺团,虽说只能当老师,我也高兴。教了没有一个月,杜国芝就跟我说,师哥您把我带进去吧,你当教师有要给学员展示一段的时候,你得有个陪教的。如果能行我给您当个陪教,我也先脱离大轱辘啊(修车工)。就这样,杜国芝也进了市曲艺团。

那时把我们分配到二队。当时天津市曲艺团分三个演出队,一队有骆玉笙、苏文茂、常宝霆、白全福、张志宽他们,都是名演员。经常去大城市演出;二队有马三立、郭荣起、小岚云(钟俊峰)、雪艳花(司马静敏)、曹元珠、李润杰、马涤尘他们,都是上岁数的,还有一些常年不上班的病号也归到二队;三队队长是弹弦的陈鹤鸣,相声是侯长喜攒底。

当时团里不知谁编了个顺口溜,说一队是主力,哪好上哪去;二队老弱残,常年不挣钱。三队陈鹤鸣,专门跑县城。

我那年虚岁是四十三岁,进团以后我就教学,教着教着机会来了。那是 1980 年 5 月,曲艺团一队到上海演出,在静安剧场,那是一个能坐七百多人的园子。

当时相声界最火的要数东北的杨振华,那是火得摸不得,他忙的时候坐飞机赶场,那时候买飞机票是要证明的,在当时那可就了不得了。他在静安剧场对过演,场场客满。在这边对过

143

一剧场是关牧村演出,也是客满。这就给一队卖票造成了很大的压力,上海观众非常喜欢相声,要是都演相声,上座率还行,要是和鼓曲联合演出,我们叫花场,卖票就差一些。这可能是语言不通的问题,也有欣赏习惯的原因,但是当时去的相声演员要推出一场相声大会力量又不够,所以团里决定从天津再调几个演员去增援。

带队的团长王济就给在天津的业务副团长李润杰先生打电话,让他和马三立老先生、王凤山老先生一起去上海支援,李润杰又推荐我,说把伯祥带着一块去,我当时是教师啊,李润杰说你先救救场,回来你还回二队。

结果我们到上海时杨振华已经去别处演出了,可我们团和剧场的合同还没到期,还要接着演。

我们一贴海报:天津曲艺团演相声专场。咱说实际的,这阵容也很强啊,这一下可不得了了,剧场是天天满座,有的观众还都买不着票。

曲艺演出的第一个节目叫"开场",最后一个节目叫"攒底"。因为那时上海演出有个习惯,演出中间要休息一刻钟,这样一晚上就有了两个开场和两个"底",休息之前的那个节目叫"小攒底",休息之后的那个节目叫"小开场"。当时负责安排演出顺序的叫派场,派场有学问,如果是花场,就只有三场相声,其他是鼓曲,就是开头是个小坠子,第二个是我,观众还陆续进场呢。如果是相声大会呢,第一场是常宝丰、王佩元,第三场"小攒底"是马三立先生,第四场是"小开场",我和杜国芝,第五场是李润杰,或者是苏文茂、马志存;最后攒底是常宝霆、白

144

全福,天天是他们的底。

我在上海演的是《如此孝顺》《看红岩》,最火的段子是《结婚前后》,还有《蹬三轮》《学方言》。我那阵四十来岁还比较年轻,在台上也有人缘,我当时虽然是相声教师,但一到台上我就来精神了,有多大劲使多大劲,反响就特别好,这一下就算火了。经常有上海的观众来打听:"那个年轻的天津人今天演不演啊?"

我觉得在台上"使活"要试探着来,就像问路一样,看观众爱吃什么你就给什么,那观众能不欢迎吗?

因为我从小就去过上海,它那的地性我有所了解,我学方言说的上海话还算是比较像,我说的话观众听得懂。

你比如一个返场的小包袱吧:北京人说话叫大姑娘,"嘿,这大姑娘长得可真逗啊";天津人叫闺女,"这闺女长得真哏儿啊";到济南呢叫大妮子,"二哥,你看这大妮子长得杠了赛了";最好的是我们上海,说话有味道,"侬来窥窥,小娘子生格面孔交关嗲叻"。这包袱"当"就响了。这观众欢迎啊,说一段两段下不来,还让返场。

到了上海每天都演出,演出结束放假了,我和杜国芝说,好久没来上海了,咱逛逛吧。上海5月份天气就很热很热了。我们去逛上海的豫园城隍庙,那里最好吃的就是小笼包,我们两个喝点酒,吃完了小笼包,从饭店里出来,走走九曲桥,杜国芝那个时候就胖,肚子也大,体重得有二百来斤,他说哥哥不行,我太热了,我得在这亭子里边凉快凉快,我说你凉快凉快我等着你。

145

他坐那歇了会儿，胖人都爱睡觉。他坐着坐着就歪那块儿睡着了，露着个大肚子打上呼噜了。弄得来来往往的游客直看他，有两位女同志还捂着嘴直乐，说这人像不像猪八戒。我一听赶紧过去把他叫醒了，说国芝别睡了，他还不知道怎么回事，还问我师哥怎么了，我这刚睡着。我说八戒你可别睡了，再睡把蜘蛛精都招来了，这城隍庙就改了盘丝洞了。

还有这么一段笑话，那个时候出外演出，条件不像现在这么富裕。有时候要自己起火做饭，杜国芝做饭手艺好，都是他做饭。我们这一个小组几个人搭伙吃，完事一块算账。

有一次我们到南通去演出。杜国芝出去买菜，来一个当地人卖鱼，杜国芝问你这个鱼，杜国芝在台上是普通话，平常说话是天津话，问人家你这个鱼是不是鲜的？鲜鱼水菜嘛，卖鱼的是南方人就回答一句，"还的还的"，杜国芝就放心了。他那天起得太早，眼神儿也有点迷糊。既然是鲜的，他就把这鱼拿过来，给弄点调料，弄点盐，弄点酱油，都做得了，倒是挺热乎。

我们四五个人，还有常宝丰，把白全福先生请在当中间，杜国芝很有礼貌，先让白先生，说叔您先尝头一口。这白全福先生拿过筷子：我不客气了，你忙一早晨，还得让我先吃，这鱼看样子还不错，我先来，还有白酒呢。说完，白先生来口白酒，夹一块鱼，往嘴里一搁，他这嘴就咧开了。

杜国芝问他："您怎么了？"

白先生说："我要吐，你搁了有半斤盐吧？"

杜国芝说："没有啊，我就搁了一勺啊。"

白先生又问："那这鱼怎么这么咸啊？"

杜国芝说:"我问他了是不是鲜的,他说'还的还的'呀。"

白先生说:"你听错了,人家说的这是咸的,不是鲜的。"杜国芝说:"那我再给您换一块?"

白先生说:"你甭换了,我这一块够吃一个星期的。你要再给我换一块,我飞着就回天津了。"

我们这回在上海演出是大受欢迎,我心里一直记着我妈的嘱咐,好好干,好争取转正啊。所以我到上海就卖力气演出,观众很捧场、欢迎,我心里也挺高兴,还有点沾沾自喜。

演出结束回天津,我又回到了演出二队,我们的老队长是弹弦的著名琴师马涤尘,他就问我:"伯祥,听说你这回在上海了不得? 火了?"我说:"叔,这都托大伙儿的福。"

"你也别说托大伙儿的福,你就说说你是怎么个火法儿?"

我说:"您给我猜猜,如果这次在上海我要是小火呢?。"

他乐了:"那你就要遭'吾攻'了。"这是我们的行话,就是招恨了。

我说:"那我要是大火呢?"

"那你就遭'吊脚'了。"(就是想办法要治你了)

我说:"那我要是不火呢?"

"那这儿就不要你了,这地方不养闲人呐。"

我说:"你还让人活吗?"

他乐了说:"这就叫买卖生意。你就在二队这忍着吧。"

我就在这忍着吧,一边教学,有时也演出。如果是小岚云、王毓宝、马三立等老艺术家出来演出,我在中场演,如果他们不出来,我"攒底"。可还是挣我那五六十块钱。

后来到了 10 月份，二队的创收指标还差几万块钱没完成，李润杰也在二队，说这样吧，差这几万块钱咱们要争取完成了，这回我带队咱们去趟太原、阳泉，可必须带着伯祥，让他"攒底"。我说我得教学啊，他说那就带着小戴他们一块去，也上场练练兵，长长见识。

我们去了太原，戴志诚、郑健开场，后边是李润杰，还有王毓宝、小岚云等老艺术家，他们那时的知名度很高，一报名字下面就热烈鼓掌欢迎啊，我攒底。开始一提我，没名啊，观众没反应。那时我是教师啊，虽然攒底可我不是正式演员，团里也没给我做演出服，我就穿李润杰的大褂，他瘦嘛，个头比我稍微的猛一点，结果我一上台，一段《报菜名》、一段《结婚前后》就"打遍"了太原，连演了一个月。这一炮就打响了，没人"吊脚"我了。感动得王毓宝先生她们那些老演员去找领导去了，说这得给人家伯祥涨工资，出门在外的给人家五六十块钱不够吃的。这是后来别人跟我学说的，我到现在都很感激这老几位。

领导没办法了，就说伯祥，回天津咱就想办法，准备给你定为十级演员，每月工资九十八，我们征求了大伙的意见，苏文茂先生说应当再升一级，定九级，每月一百一十一块五。苏先生说他都四十多了，以后不好涨了。那阵苏先生是八级演员，工资一百二十九块。杜国芝也表态了，说只要给伯祥涨，一分钱不给我涨都行，我只要求能进团。

回天津以后，涨工资的事也没人提了。转眼一年试用期满了，领导找我谈话了，说你的工资涨不了，一年期也满了，你看看是回原单位啊，还是继续在团里再等调级的机会？

这时候学员基础课也教的差不多了，上海、太原、阳泉演出也演完了，领导这么说，我觉得多少有点儿"过河拆桥""吊脚"我的意思了。

我回到房建队一说这情况，书记傅向东气得不得了，直拍桌子，说这又不是借瓶醋，说不用了就给送回来了。伯祥，你要是回来咱就接着看夜。我说我觉得太窝囊了。傅书记说，那我教你个办法，你回去和他们说，我们这看夜这个活是照顾老年人的，因为李伯祥是文艺界的，我们照顾你让你看夜，现在走了一年安排别人了，后边还有六十七个人盯着这工作呢，你要是回来也行，只有"苦大力"的活了，你干得了吗？干得了就回来。

我一听傅书记这是向着我啊，我就回曲艺团和领导说了这番话，领导眨眨眼说，那我们给你找个其他单位看夜你看行吗？他这句话当时把我气乐了，我说领导您看我是不是有神经病啊？领导说你这是什么意思啊？我说我在原单位处的都挺熟的，您这曲艺团调我来给学员上课，为了救场还南征北战演这么多场，这满一年了给我另找一家看夜，早知是这样我不来好不好？问得这位团领导张口结舌说不出话来。这事就不了了之了。

隔了一个礼拜，我去找团领导了，说请您还给我退回我原单位得了，我不愿意在这干了，我不愉快。可能团里还真去找房建队了，人家答复说，来了也行，只能是干烧砖、烧瓦、刨沟的力气活，看门的工作没有了。他们就没办法了。

说到这，李老师嘱咐我说，兄弟你写到这可要躲着点，看着哪些不能写，咱可要讲道德啊，可别给傅向东书记惹事，人家是为我好啊。(执笔者注)

149

　　其实我觉得这也不是曲艺团当时领导的本心本意，我和他也没仇，可能他也是被人左右，究竟被谁左右呢？我就不得而知了。

　　这样我在曲艺团工作的心情就不愉快，可又没办法，我四十多了调动也不容易了，在团里又不受重视，为什么我在台上总说感谢观众，我这点小知名度，完全是观众们认可我、捧我的结果，另外还要感谢媒体，给我出头露脸的机会。我一直感谢观众朋友和媒体朋友们的这份情谊。

44 《聊天》成功得"外号儿" 录像"扬蔓儿"谢知音

1982年冬天我虚岁四十五岁，天津市曲艺团组织中青年演员专场演出，在北京的西单剧场和长安大戏院演出，相声演员有侯长喜、常宝丰、戴志诚、郑健，鼓曲演员有刘春爱、刘秀梅她们，主要是青年演员，艺术指导是常宝霆，艺术顾问骆玉笙。

团里让我攒底，使《聊天》这个活。这个活是王鸣禄写的，写出来以后没人使，鸣禄他找我说哥哥您使这段吧，我看了以后说要让我使，那得改改，你这一上来"我是京剧里的五大名旦，什么旦呢？我白话蛋。"这没有铺垫，在咱说相声里讲"太嫩"，你得铺平垫稳啊，前边得有这个旦那个旦，还得是真的，后面再来个歪的，这才能响啊，你得先问："哦，您是刀马旦？""嗐，刀马旦，扎靠旗，拿绣绒刀，唱《扈家庄》的扈三娘，我不是。""那您是武旦？""步下短打，扮个顾大嫂，孙二娘，我不是武旦。""您是闺门旦？""闺门旦是人家程砚秋，唱《春闺梦》。""那您是花旦？""花旦是荀慧生的《红娘》啊。"这知识你都得懂啊，到最后了"我又不是刀马旦，又不是闺门旦，又不是花旦……""那您是什么旦？""我是白话蛋。"那不"呒"就响了吗！我说你这光问"踢足球你看不看"不行啊，太简单了，当时足球热啊，你要把大量的足球方面的话题放里面，没包袱观众也爱听。他说得了，这段就归您了，您就随便改吧。我是俩迷症嘛，京剧迷、足球迷嘛，我就

151

把这佛洛门戈啊什么的都搁里面了,按照贯口这样使出来。

一进北京,我和杜国芝使的这段《聊天》,好家伙,效果特别好。中央广播电台的一位同志好像是姓田,问我您今年三十几岁啊?有四十吗?

我说我四十五啊。

他说你们这回来的不都是青年演员吗?

我说我不是演员,我是老师啊。

他有点儿纳闷,说你不是曲艺团培养出来的演员吗?

我说是我培养他们,我指着小戴、小郑说,这都是我培养的,常宝丰说的《结婚前后》,那也是我教的。

第二天演出时,一上台我就说,各位观众,我好些年没来北京了,我十二岁就在北城游艺社说相声,我这回来是沾光,人家都是青年,我是中年,我说不过他们,我今年四十五了。我越这么说,底下越给我鼓掌。

演下来团长就跟我翻呲了,很不满意地说你下回别报岁数,你说这个干吗?我说不行啊,这次来的都是小年轻的,就我一个小老头,我不解释一下不是欺骗观众吗?

后来这段《聊天》我为什么不再演了呢?太累了,它全是贯口,当中没有缓气的地方。就像开汽车似的,它得滑行啊,这个不许滑行,稍微一松就没包袱了。

这回演出以后,有一个人看上我了,是中央电视台的金成导演,他是上海人,负责曲艺节目《说说唱唱》的,他喊我李伯祥,春节时你到我这录个相声大会,不录这段了,录段传统的,这就录的《报菜名》,这是我在全国范围播出的第一段相声。是

152

1983年春节大年初一播的,还有孟凡贵、武福星他们,一共四段相声。

这段《报菜名》播出以后反响很不错,3月金成导演又打电话给我:"听说你有个学雷锋的段子,咱录一下。"就是吃炸虾段的那个《家庭会议》。

后来唱京东大鼓的刘少斌告诉我,说开始金成导演打电话打到曲艺团团部,那时曲艺团还在吴家窑那呢,一位团领导接的电话,一听中央电视台找你就火了,跟人家说:"你怎么老找李伯祥呢? 你就不许换个别人吗? "

我到了中央电视台,金成导演还跟我说:"你们那个领导什么毛病啊,我们找谁录像他应该感谢我们,他还干涉?看人家蒋大为,我们一找他,人家的团长亲自送他来。"我说我也没办法,人家也理解,说你以后常来吧,只要有事我就找你,后来我又在那录了《看红岩》。

李伯祥(前排右四)、杜国芝(前排左二)与中央电视台有关负责人合影

再后来天津电视台也录了我不少的节目，天津台文艺部的王主任说，我发现伯祥不只是这一段瓷实，别的就不瓷实，他是每段都那么严谨，以后再录他的段子免验，他不会犯错误。

媒体的宣传对我们的作用很大，用我们的行话说给我们"扬蔓儿"啊，可是我们自身还要努力，要是自己不下功夫，光靠媒体也走不长远。

李伯祥与王恩信过招(尉迟健平拍摄)

十年前我要去新加坡演出，天津《今晚报》的两位记者来采访我，一位文字记者何树青，还有一位摄影记者尉迟健平，采访完毕还给我照了相，发表在报纸上。后来有一次在和平医院附近有一个摔跤的场子，请我去看看，我喜欢摔跤，就和天津的摔跤高手王恩信一起去，到那和大伙聊聊天。我跟大伙说，摔跤讲究崩拱揣刮倒，耙拿拧倒勾，挨傍挤靠，闪转腾挪。远了蹉，近了窝，不远不近德合勒；手是两扇门，全凭腿打人……我就这么一通白话，我又说这位叫王恩信，摔跤高手，我们俩一搭手就上房了，我上房了。我扔他扔不了，最多我把他的鞋扔房上去……

154

说完大伙都乐了,那天健平也在,给我照了好几张相片,后来我在晚报上看到那天的照片,就给健平打电话道个谢。他后来和别人说,给这么多人拍过照片,像伯祥老师这样打电话道谢的太少了,别人把这话转告给我了。健平对我不错,每次有活动见着都主动给我拍照。我都挺感谢的。

　　北京的孟凡贵他管我叫大爷,他说大爷您看有的人那名气属于大起大落,您呢从四十多岁就这样,现在快八十了也还这样,而且还逐渐地往上涨,您掉不下来。有不少人都说过这话,说我掉不下来,当然这里有广大观众和众多媒体捧着。所以我非常感谢观众,也感谢有关的媒体。

45 改革走上小康路
乔迁住进大单元

20世纪80年代改革开放,曲艺团也实行了承包制。常宝霆先生对我很好,1983年他组成了一个承包队出外演出,点名要带着我,让我挺感动的。

我们这个演出队以相声为主,攒底的当然是老艺术家常宝霆、白全福,当年一提"常、白"那了不得啊,火极了,那包袱一抖起来,我们的行话叫"串儿踢"呀,又脆又爆。

宣传海报给我定个著名相声演员,我和杜国芝的倒二,前边还有常宝丰、王佩元、戴志诚、郑健,还有一场鼓曲。因为团里要求必须得说唱并茂,不能只演相声,那叫一花独放。

当时住宿条件还没现在这么好,我们和老艺术家沾光,和常宝霆、白全福先生四个人住一个屋,演出一段时间就分一次钱,一次能分二三百,在当时这就是不少钱了,掂腕子啊。我们就把钱搁在随身的包里,我们叫"啃(发四声)包",因为相声行话管吃饭叫"上啃",这包里除了演出服就是钱,都是吃饭的家伙,所以叫"啃包"。

有一次在安徽蚌埠演出后分完了钱,白全福先生问我:"伯祥啊,昨天晚上分的钱你都哪去了?"我管他叫三叔,我说:"三叔,昨儿我就都寄家里去了。"因为我当时还很穷啊。白先生夸我:"好小子,要不我就爱你呢,你顾家,是过日子人,你看我这

156

'啃包'里头吗？一个子儿没有。我也跟你一样,我今儿一早晨就把钱寄走了,我这'啃包'里现在一个子儿没有。再挣了再说。"

等他出去打水去,我就和常宝霆先生开玩笑说,我管常先生也喊三叔,我说三叔,他反复跟我说"啃包"里没钱,他是不是怕我"荣"他呀？我们行话把偷叫"荣"。常先生乐了,说小子你不知道,他不是怕你一人"荣"他,他是怕这一屋子人都"荣"他。我们都乐了。我们都知道白先生是个好人,特别顾家。

等到下一个点是桐城,演完了又分了钱,白先生又跟我说,小子,这"啃包"里的钱赶紧寄家里去。我说我"啃包"里的钱都寄家里去了,您"啃包"里的钱还没寄了吧？他马上说,不,我昨晚上就寄走了。我成心和他逗,问他您大半夜的去寄钱?他楞了一下,说人家有个车站邮局。

等到上海,我们大伙住一个大屋,演出完钱分下来,我先跟白先生说,我说三叔,这钱您可赶紧寄家去,我已经上火车站寄走了。他拿眼瞪瞪我,那意思我怎么走他头里去了。

等我们到了福建福州,赶上下大雨,我们有句话叫"刮风减半,下雨全完",这天赶上下雨,瓢泼大雨,困在那了。我们一个子儿没挣,还赔了。

那天我们大伙坐在屋里,看着外面下雨,我跟白先生逗,我说三叔,您看我这"啃包",他一听就乐了,说你别挨骂了,装他妈孙子。一屋子人这个乐呀。

白先生是旧社会过来的人,对江湖险恶了解的太多了,可能就有点多疑,有时到了新地方,他戴上老花镜到剧场里数有多少座,完了算能卖多少钱,他怕剧场"捂杆"(少算票钱)。

157

可这白全福先生确实是一个好捧哏的,他是属于大师级的捧哏的,他跟常宝霆先生合作了一辈子。他哪点好呢?他是声音好,口音甜,一口标准的普通话,他的模样好,有观众缘,这在我们相声行叫作"上人见喜"。

其实他长的也不是什么帅哥,一个小白老头,小胖子,个也不高,他只要一撩帘一上台,观众看见他就有好感,他就带着一种人缘。

观众喜欢他,他有台缘。他能说相声,能演滑稽戏,我跟他一块演过《打面缸》。我跟他演《打面缸》,他扮演王书吏;我跟他演过《老妈上京》,他扮演腊梅,多才多艺。

其实当时相声大会特别受欢迎,有一次我们在南通工人文化宫演相声大会,买票的队伍硬是排出去有一公里长,就这么火。我们那时一年出去演两次,每次都是三四个月,挣了些钱.

不怕您笑话,我那时穷,家里什么立柜、桌椅的都没有,原来有些家具,"文革"时"破四旧"都扔了,这次演出回来买了好几件家具,还都是家俱五厂的。就有人说我是暴发户,是万元户,那年头万元户就了不得了。

我家原来住河东地道外,东站后广场那,一间半房,后来不够吃的,卖了半间,卖了300块钱。我在曲艺团干了有四五年了,有一天王慧芝大姐去我家,天气太热,我屋里也没电扇,我正在院外头搂着自来水管子背贯口,王大姐看见以后很同情我,说伯祥你太惨了,争取分房吧。

等到1984年团里要分房了,我们那个团长找到王慧芝大姐,说那个带平台的房子不能分给李伯祥,要给谁谁谁,王大姐说我是分房委员，有权说话，这房子多一平米也要给李伯祥，因为他老少三代六口人住一间房，他还把原住的这间房交给团里了。

就这样分了我嘉陵东里4号楼的一个单元房。王大姐对我有恩，我忘不了，现在每年过年我都要给她拜个年。

房子分下来是7月份，那几天连阴天，我就准备张罗着搬家了。有位领导发话了，这钥匙不能给你，你得带鼓曲队一块下乡演出去，演完回来才能给你钥匙，你再搬家。其实这位领导也不是跟我有仇，也是为了工作。

这样的事挺多。有一次湖北有个九头鸟艺术团来请我演出，不知谁告诉人家我出门演出了，等人家下楼来看见我在楼梯那坐着了，很奇怪，说你在这了，怎么你们领导说你不在呢？还有一次天津电视台找我演出，有位领导说，你要先跟着队伍出去演出，回来才能让你去电视台演去。

46 慈母患病回天乏术
贤妻侍疾感人至深

　　住房改善了，生活好转了刚一二年，我母亲身体却出了状况。开始她老爱睡觉，我们还不理解，说老太太一天到晚的没精神老睡觉。后来人家说老太太这是有病了，我一听就哭了。

　　赶紧给老太太检查吧。20世纪80年代初期做B超、CT还是很紧张的，没有一个月排不上队。有人帮着联系的大港医院，说去了就能做CT，曲艺团给我出了一辆面包车，司机孙师傅开车受累跑了一趟。

　　我母亲下楼时我个子小背不动，是杜国芝把我母亲背下楼的，上车下车进医院，一直到回家再背上楼都是杜国芝受的累，我到今天不忘。

　　到医院检查完毕，医生把我叫到里面，说老太太脑子里长东西了，是恶性肿瘤。我一听就傻了，问大夫有什么办法。

　　大夫说手术倒是可以，但是成功的希望不大，也可能就下不了手术台。到时你可别埋怨。

　　别人也劝我，别叫老太太受罪了，不行看看中医试一试吧。

　　回到家，我母亲就越来越不行。原来她是一天一包烟，这时候我再给她烟都不抽了，再后来大小便都不能自理了，翻身也翻不了，多亏了我老伴替我尽孝，终归她伺候我母亲比我要方便一些。她给我母亲端屎端尿，擦洗身体，到后来我母亲一动就疼，她就尽量少动，再有大小便时，我老伴就拿剪刀把床单上污秽的部分铰掉，再把干净的布掖进去。就这样伺候婆婆，一直到我母亲去世。我看着她这么尽心尽力的做法也很感动。

　　我在嘉陵东里一住就是十六年，后来孩子们也大了，我在外边"走穴"，也攒了些钱，买了现在住的房子。到现在又是十六年了，有人问我这房子是谁给你的，我说是人民，是广大观众。

　　我老伴会过日子，买完这个房子手里还剩些钱，她就主动和我商量，说咱们是买了新房子了，咱爸咱妈的房子还没着落了，给二老买块墓地吧，这样我们又给我爸妈买了一块墓地，让想们入土为安。这也是我老伴的一片孝心。

47 "赌气"进京演仨月
"弄潮"下海走四方

1987年,就是电视里播《便衣警察》那年,我虚岁五十岁,我也带头承包了一个相声队,我的"大将"是刘俊杰,副队长是储从善,外请了于宝林和冯宝华,说相声的还有马洪信、金望,金望还兼任会计;还有个练飞叉的杨奇君,他还会口技,郝德宝和杜国芝帮着我联系业务,给我们报幕的王荣芬如今在曲艺团当书记了。

我先在天津试验了几场,我使那些用我们的话讲"爆余儿"的活,传统的像什么《报菜名》《地理图》《怯算命》这些,新段子有《综合之最》《百吹图》《谦虚论》等等,在人民剧场和十一经路的河东礼堂演了一个月,天天满座。心里有底了我们就去了通州,也是满座。在通州有人给我照了张相,我很喜欢,之后工作证啊什么的都用这张照片。随后我们就进了北京。

要进北京演出,我得有个新节目啊,我就一夜一夜地熬了几个通宵,写出了《谦虚论》。

我们刚开始使这段时,剧场效果很火爆。有一天我下场后看见郭荣起师爷在后台,就问他,说爷爷您听这段《谦虚论》我使得行吗?哪不对您给我说说。郭先生一乐,说这还有什么说的,你小子是按着《穷富论》的路子改的,那还能不行吗?

进了北京连演了将近三个月,那阵进北京演出不容易,审批很严格,北京演出公司的负责人叫刘敬一,他很喜欢听我的相声,所以批准的还挺顺利。

当时是杨奇君和我徒弟金望开场,报幕报的是相声,中间揉进了口技,返场还加上了耍叉;第二场是马洪信,第三场于宝林、冯宝华的"小攒底"。剧场休息以后是储从善的山东快书小开场,刘俊杰倒二,我和杜国芝攒底,效果很好。北京观众喜欢我的表演风格,每场都满座。

我们把北京四九城的剧场差不多全演遍了。一是因为观众欢迎,二是我心里窝了一口气,因为头一年中央电视台举办了一个相声大赛,我特意写了个《综合之最》参演,结果给了我个三等奖,奖励我两个收音机。一个创作奖,一个表演奖。

为什么只给我一个三等奖呢?因为我那段子里有一个包袱,杜国芝问我全世界哪的物价最不平稳?我说最不平稳的就是西方国家的股票(那时中国还没开放股市呢),因为它一天变好几回。杜国芝又问那哪的物价最平稳呢?我说中国的邮票,从解放就八分钱,到现在还是八分钱。这包袱还特响,观众都笑了。其实我这是表扬,下来电视台的领导就说,这句话得掐了。就这样给了我一个三等奖,要说对我还算不错。

可我还是觉得有点儿不服气,相声好不好得观众说了算,这次来我倒要看看北京的观众捧不捧我?结果北京观众就认我这口。很给我面子。

最后我师哥赵振铎出面,就是李金斗的师父,在五牌楼的一家饭店摆的酒席,名义是请于宝林、冯宝华,因为他们都是回民,饭桌上赵振铎就说了:"伯祥兄弟,您该溜达溜达了吧?您来了快仨月了,您不能把我们北京的饭都淘光了哇!"这话是半真半假,连开玩笑带下逐客令了。赵振铎是我在济南晨光的老伙伴,他说这话我也得给点儿面子啊。我们就离开了北京。

从北京出来,我们去廊坊演了几场,之后又奔河南。先到洛阳、南阳演出,这就火了,周围县城的都找我们来了,请我们去演出,商量着要包场,650块钱一场,那时票价低,一张票才一块来钱,虽然剧场有一千来座,可剧场也要有效益呀?这样两头都不吃亏,搁现在叫双赢。我就答应了。

从南阳出来第一站是南召,接着是镇平、内乡,内乡有很多古迹,从内乡出来到西峡,当时还实行夏令时呢,到西峡,他们要求白天加一场,演完了结账时他们只给一半,杜国芝问怎么给一半呢?他们说这不是白天吗?杜国芝说白天我们也不能白给你演啊?我们演的节目都一样,你这上座率也一样,包场费也得一样。要不我们晚上不演了。这样谈判了半天,对方才按照约定给我们结账,他们还挺失落,直说你看看,这个"大团结"都让他们拿走了。当时人民币刚发行五十元一张的票子,用的少,大面值的钱主要还是十元钞票。为什么叫"大团结"呢?因为1965年版的第三套人民币里面,十元票正面图案是表现全国各族人民大团结的内容。

48　改革创新受夸奖
赈灾义演获表扬

　　我当年在济南晨光看着李寿增师爷掌穴时如何和社会各界打交道，也跟您学习，到哪演出都要先拜地方，去当地的文化局啊、演出公司啊这些相关部门拜访一下。这也是礼貌。

　　我们到济南演出，去文化局报到，拜访一下局长。局长说听说您是在晨光学徒的，您是老济南了，有什么要求吗？我说我们要在这演十几天，听说济南闹大水了，我们打算把收入最多的那天的收入拿出来，捐献给济南市，表表我们的心意。局长一听很高兴，说演出的事我能管，这捐献的事我要向市里汇报。

　　他一汇报，市政府来了一位秘书长，先宴请我们，有一道菜是炸蝎子，那年头是两块钱一个，个头儿老大的，我不敢吃，杜国芝吃了好几个，我直逗他小心别蜇着。

　　我们在济南演了十六场，全都客满。济南文化部门还为这个开会，夸我们，说你看看人家李伯祥，这个相声改革改得多好，人家愣把这个要叉、口技都弄到相声里了，咱们要跟人家学习。把我的老朋友孙少臣气坏了，当时他就大声说："伯祥那不是改革，那叫没辙。你这外行全不明白。"

　　孙少臣也是我在晨光的老伙伴，当年给我量活。我到济南和他聊天提起过这事，我说开场我实在没辙了，我弄个"三股子"，弄点"口捩子"，就图个热闹。"三股子"就是三股叉，"口捩子"就是口技,他听着也乐。

他知根知底,资格又老,这一说和有些干部吵起来了。他气性也大点,还给气病了。

我们承包队是这样规定的,团里照常给我们开工资,可我们每人还要上交两倍于工资的演出收入。虽说那时收入低,我的工资是六十多,可每个月我就要上交一百二十多。所有人的管理费都交完以后,剩下的钱我们大伙再分。

49　停薪论理生闲气
探病送礼释前嫌

我们这一圈巡回演出效果很好,用我们的话说如同火上浇油一般的火爆。可演出回来,我们曲艺团却办了一件釜底抽薪的事儿。

当时三位团领导研究决定,从 1988 年 11 月起,全团的相声演员,除了常宝霆、苏文茂以外,全部停发工资,一律自筹。鼓曲演员工资照旧。

我不理解啊,就去找团长询问,问他凭什么不给我们工资。他说这是为了促使你们相声演员发挥积极性,鼓曲演员是重点,国家还要培养。

我这人老实是老实,可有时好较真。我就问他我们不也是曲艺团的吗?他说只有常宝霆、苏文茂工资照发,他们都六十岁了。我说不给工资,那医疗费得给我们报销啊?我那阵就血压高,需要看病啊。团长说你们就得自谋生路去了。

我说团长你有工资没有?他说我有。我说你有工资我为什么没有啊?团长当时横打鼻梁给我来了句:"我是干部!"我一听也来气了,我说:"你是干部,那我是特务?"

他没想到我说这话,还挺生气说:"哎,你怎么这么说话?"我把心一横说:"你是干部就可以多吃多占?我们演员、工作人员就一个子儿没有?"

说了也不管用,书记团长商量好了,要把我们二十多个相声演员的工资拿出来,放在办公室里做补充经费,发个福利奖金什么的。后来这停发工资的告示也贴出来了。直到1991年5月份,整整三十个月没给我们工资。

听说后来文化局发现这事了,把我们这二十多个相声演员的工资就扣下来不往下拨了。这笔钱也不知下落了。

这一下团里财路断了,团里再有演出任务,要调我们去演出,这些相声演员虽然没开会,但不约而同地拒绝,说我们没工资,没有这个义务。

团里还说我们单给钱,问他们给多少钱啊?他们说一场十五元,演员们说那不行,我要二百六。

他们问怎么这么高啊?演员说我们三年没发工资啦!

团里这下骑虎难下了,有一位挺胖的副团长来找我,问我:"伯祥,你说这工资是给你们好啊还是不给你好啊?"

这一说把我气乐了,我说如果说你是个掌刑的,你无缘无故抽了我两鞭子,再问我是接着打我好啊还是不再打我好啊?

这位团长也无言以对,说伯祥咱哪说哪了,咱说膀大力的吧,你要说给你们工资好呢,我们好去局里申请去。

我说那得把这三年停发的工资给我们补上。

后来工资倒是恢复了,可我们这些人三十个月的工资却一直不知下落。

2011年11月,京东大鼓名家董湘昆收徒弟。董湘昆和我关系特别好,请我当代师。仪式结束后,曲协的秘书长王宏跟我说,曲艺团的某团长病了,要去医院看看去,您跟我一块去好吗?我就和他一起去了医院。他住在医院四楼干部病房,他是干部嘛,见面我就说:"老团长您好好养病,等您病好了,我还给您当兵。我给您冲冲喜吧,刚才董湘昆先生收徒弟,请我当代师,给了我个红包五百块钱,送给您买点营养吧。"团长拉着我的手,喊了声"伯祥啊"就说不出话来了,眼泪掉下来了。

50 代师收徒 喜迎耀文弟
替子尽孝 哭送宝林叔

"老子英雄儿好汉","强将手下无弱兵",这是中国人常说的话。

侯宝林先生是相声界公认的大师,他的儿子侯耀华、侯耀文也很出名,很可惜侯耀文英年早逝,到现在还有很多同行和老观众怀念他。

侯耀文说的相声中有他自己的理解和发展,电视台里播过他很多的节目,包括咱们天津电视台。

侯耀文收了很多徒弟,侯宝林先生就告诉他,说耀文你收徒弟没关系,你本身得有个师父。当时连我都这么想:他的父亲已经是侯宝林了,还要什么师父呢?仔细一想,还是应当有个师父,相声这个行业,他所谓这个派那个派,他是指师父,父亲也干这行你那叫门里出身,可不管是家里头谁是说相声的,你也必须得有个师父,这好像是个规矩。

侯宝林先生很重视师承关系,就告诉侯耀文必须得认个师父。认师父认谁呢?

侯宝林先生在相声界最赞成的几个人,其中有一位他是很赞成、很尊敬的一个,他都称这个人为师兄,是比张寿臣先生往下一辈的、宝字辈的领班人,就是我的师父赵佩茹。

侯宝林先生非常认可赵佩茹先生,在他二次复出时没有合

170

适的搭档,特意到天津找我师父去给他量活,两人已经说好了,可没想到后来我师父一病不起,去世了。侯先生闻讯很是难过,这件事也成了相声界的一大憾事。

这回说起耀文拜师的事,侯先生就说要拜师最好就拜赵佩茹,可是我师父1973年7月9号已经去世了。那怎么办呢?这里有个变通的办法。说如果师父不在的话,师兄可以代表师父来收徒弟,这在相声行规里头叫"代拉师弟"。

我们随便举个例子说吧,我的师父赵佩茹先生,他的师父是焦少海。那么我的师爷焦少海去世了,又有很多人想拜焦少海,我师父赵佩茹作为大师兄就可以代拉师弟,比如刘文亨的老师杨少奎,就是由我师父代拉的师弟。

当时我们同门师兄弟在北京就有,可侯先生说最好还是到天津找伯祥去,因为伯祥入门早、艺龄长,是赵先生的大徒弟,你还是叫这个大师兄来代拉你做师弟,你就算赵佩茹先生的徒弟了。

这是侯宝林先生的原话,后来就有人到天津找我。最早是我的徒弟王平在北京给我打的电话,还有侯耀华先生给我打电话,那也就是说先吹吹风,怕万一我要不愿意呢。

但是侯先生这么信任我,这么看得起我。师叔的话我作为晚辈来讲就要尊重,他们一打电话我说我没有意见,我同意。

1994年,我那年虚岁五十七,在天津中国大戏院由各界朋友,包括有关部门的领导帮忙、协助,也包括电视台的协助,为我的老师举办了一个"赵佩茹先生诞辰八十周年"的纪念活动。

当时赵佩茹先生的徒子徒孙就都来了,我师弟高英培先生当时还健在,常贵田先生、我的徒弟王平、还有要给我们做师弟的耀文也赶来了。虽然他还没有正式举行拜师仪式,但是他也赶来表示祝贺,这是他的一片孝心。

两天之后,在河东区一个饭店举办了一个拜师仪式。当时电视台也去了,电台也去了,还有《今晚报》,我记得我还有一张当时的晚报呢。

1998 年在北京参加全国曲代会期间与侯耀文合影

从那开始,耀文就是我的师弟了,是我师父赵佩茹先生的一个小徒弟。

在我们这个行业来说,虽然侯耀文出身世家,但有个师父就更加完善。比方说您是个学生,高中毕业或者是大学毕业,到哪个工厂里头当工人,你也得认个师傅,让师傅带你。不过我们这个"师父"跟那个"师傅"有些差别,相声演员的师父是父亲的父——师父。这一点跟京剧界一样。

我们行内的规矩很严格,师徒如父子,说你你就得听,教育你你就得听,这不能含糊。

侯宝林先生非常喜欢我,这是我们爷儿俩的缘分,因为我是他的师侄。说起缘分来,我们爷儿俩还有另外一种特殊的缘分——我给侯宝林师叔送的终,这是真的。

中国人有这么一句话:"百善孝当先,孝者德之本也。"

那是 1993 年 2 月 3 日,侯师叔 77 岁。 他是属小龙的,大我 21 岁,我那个时候 56 岁,血压不太好,高压达到过 180、190。我正在一个小医院里头输液, 突然文联有一位同志来电话,说你赶紧到北京去,侯宝林先生有重要的事情要跟你说。我当时在医院里正躺着,我估计很可能还是关于耀文师弟的事情,让我们哥儿俩如何多切磋切磋艺术,要不就是他身体不好,想让我去看看他。我就坐火车到了北京,在车站下了车, 打了一辆车赶到了医院。我进去一看,敢情侯先生不行了,病危了。

当时我很着急,估计您叫我到这来是有什么事要嘱咐嘱咐我,可是我来得太晚了,他说话已经不行了。

他住的是一个高级病房,有沙发,侯耀华、侯耀文他们都在那守着夜,看见我这么着急,耀华说:"伯祥师哥,你有血压高,我知道你刚打医院里出来,今天晚上你不许守夜,今天晚上我们盯着,您先休息一夜,明天早晨您睡足了,您再来倒班来。"

我说好吧。侯耀华先生给我安排好住处,说:"您在这块儿休息一夜,我还得回去盯班去,明天派车接您来,您值早班。"我挺感谢他,但是我这一宿也没睡好。

在病房一看侯先生那个病情,我就预感不大好,可从心里又希望他能好起来。第二天早上我就又奔医院去了。到医院一看,耀华、耀文都值了一夜的班了,都困得不得了了,于是我

173

就替换值班。当时有四个人值班，哪四个人呢？一个是我，一位是侯先生的大儿子侯耀中，一位是女儿侯耀茹，还有一位是侯先生的徒弟丁广泉，就是收了好多外国徒弟说相声的那位丁广泉。

我们四个人在那盯着，就看侯师叔的呼吸好像是越来越急促，有点儿缓气缓不过来的感觉。又待了不到几分钟的工夫，从里边出来一位女大夫，问谁是侯先生的亲人？我们四个人都站起来了，我说我们四个人都是他的晚辈，大夫说现在有个重要的事情要跟你们说说，你们看这个荧光屏，监控心脏跳动的那个仪器，里边这个图形如果要是波纹状的起起伏伏，好像问题还不大，也就是难受。可它现在已经画直线了，说明心脏已经停止跳动了，如果你们家属要求抢救，我们可以采取电击等措施，但是说实话也不会有什么效果，只会增加病人的痛苦。如果说放弃抢救，把这些管子要是一拔下来，说句不好听的话，就算宣布这个人走了。你们看是拔还是不拔，如果要拔了，就是把侯老先生送走了，意思就是去世了。

如果要不拔，他是不走，但是他受罪啊，说句不好听的话，在那活受罪啊。可这个时候候耀华、耀文他们熬了一夜了，当时都不在。

丁广泉说，伯祥您是大师哥，您看看怎么办？我说兄弟，你是他徒弟，我是他师侄，这个时候大师哥也不敢做主，该做主的做主，你不该做主的，性命关天呐。万一我给拔下来，人家本家不同意那怎么办？可是如果不拔，看着侯先生在那活受罪我心里也难受。

总得有一个做主的,人家大夫才敢拔氧气管子。我记得还是侯耀中说话了,说师哥我做主了,别让我爸他老人家活受罪了,我签字吧。侯耀茹也同意了。

人家医生说那你们可准备好了,我那一拔就算送走了一位相声大师。我说到这我心里也挺难过的,当然了,耀中、耀茹,还有丁广泉先生也是非常非常难过,没有办法,他已经到了该走的时候了,不能让他活受罪。按照中国人的老礼这叫"倒头",这时我们就得跪下送终送灵,这也是尽孝啊。

这是我跟侯先生的特殊缘分,侯先生的两位公子耀华、耀文和他这么多徒弟都没赶上给侯先生送终,别看我是他的师侄,在医院我把您送走的。

我现在把相声说得这样,观众为什么这么欢迎我?有一部分是侯师叔在天堂里保佑我。这是他对我的一种喜欢。这不是迷信,这是一种心理感觉。

175

51　雪中送炭兄弟情深
仁心妙手化险为夷

　　孙福海是杨少奎的徒弟，论起来他是我师弟，他在文联当了多年的领导，每次见到我都很尊敬地喊我师哥。他后来问过我，说我在文联呆了二十年，你怎么一趟也没找过我，我说我就是不愿意麻烦人，可后来他还是帮了我一个大忙。

　　十年前，我得了一次病，说是肠息肉。有一次在浴室里洗着澡"呱唧"就趴那了，过了几分钟才醒过来，我老伴问怎么了伯祥，我说我感觉困了，实际我不知道，是昏迷过去了，这样的情况在马路上发生过一次，在外面澡堂子也有过一回。

　　有一次在文联开会，和福海聊起这事，他说您得赶紧看病去，这病要是不看可了不得。我说现在住院挨个（排队）受不了。他说我给你想办法，他们文联有个同事的哥哥是医院的一个主任。他很快帮我联系好了床位我就去了，结果我到医院一检查，肠癌。但不能确定具体位置，后来医生把我老伴找去，说给他用一种以色列的侦探器，就跟咱手电筒的电灯泡一样，吃下去它在肠子里面照相，一次不行就两次，六千块钱一个，这还是给首长准备的，他还不够这个资格，为了照顾他给他用这个，但是你们要自己花钱。我老伴说我这有套房子，您就给他治吧，不行我们卖房子。

　　后来就查准了生病的部位，他们当时不告诉我，给我做外科手术,这个主任后来成了我的朋友。手术时给我用的麻药都是高级的,他知道我是说相声的,为了恢复得快不留后遗症,给我用的"绿色"的麻药,可是要自费。前后花了不少钱。

我住院手术期间,福海师弟先后七次去医院看望我,手术前他代表文联跟大夫说,您无论如何要把我师哥治好了,因为我们需要他。我听到了很感动。这份情谊我永远忘不了。

52 知音观众满天下
称心搭档有三人

对口相声必须得有一个逗哏的演员,还得有一个捧哏的演员。两人合作得紧密默契,对演出有极大的好处,观众看着高兴,演员使活也舒服。

逗的和捧的要是结合不好,那就很糟糕。两个人不许闹意见。你得跟这捧哏的同吃同住,一同研究段子。

闹嘴不闹心,你在后台不管有多大意见,如果挑帘一上台,全都得忘,因为你不能把情绪带给观众,那是不道德的。

我说了多半辈子的相声,给我捧哏的有好多好多,也有张三李四、赵老师、王老师、马老师,那都是临时性的,三两天、半个月。我这多半生有三个好捧哏的,今天跟大家说一说。

第一个就是当年我在晨光相声大会学徒的时候的伙伴孙少臣,他跟我是幼小一块长起来的,他给我捧得好的原因,是他明白我的心情,我只要在台上一变脸,他就知道我要说什么。这种默契是搭档之间特别难得的。

第二个好捧哏的,就是刘万山,在大连给我捧哏。他是北京人,他的师父是孙宝才(我得管他叫师大爷),外号"大狗熊"。刘万山的优点在哪呢?他虽然干相声年头不多,他原来有别的手艺,但是他聪明。比方说有的段子我们两天就得把它演成功,你要不演成功可不行,这刘万山有一个特点,后来告诉我,比方

178

说到哪个地方关键，他实在忘了，他有个动作，后来我才知道，他用钢笔写在手心上了。比如说我要说劝业场了，他就写一个劝字，我要说火车站，他就写一个车，他一看这个字，就知道你要说火车，你要说劝业场。后来我就发现这个量活儿的可是天才，不得了，虽然他的功力、功底、底蕴不是那么厚，可他随机应变的本领很大，让你一点儿也看不出来他有生疏的地方。

现在我跟您曝光了，如果要是现在他还健在，我不会"泄密"的。

我的伙伴刘万山先生跟我搭档了好几年，可惜后来由于疾病去世得太早。去世那年他才五十六岁，这是我第二个好量活儿的。

我后来又发现了一个给我捧哏的，我认为很不错，就是跟了我三十五年的好伙伴杜国芝。

国芝跟我认识有四十来年，正式合作是三十五年，整整跟了我三十五年啊！李伯祥杜国芝在观众心里有一定的影响，大家习惯管我们这对相声搭档喊"李杜"，我们这不是大诗人李白、杜甫的"大李杜"，也不是李商隐、杜牧的"小李杜"，更不是李承晚、杜鲁门那个李杜，我们是相声演员李伯祥、杜国芝的"老李杜"。

这些年我们是走南闯北，哈尔滨、吉林、长春、大连、牡丹江，什么营口、朝阳、天津、北京、石家庄、济南，我们还到过美国、新加坡，在新加坡我们还遇见一件可笑的事情。

那是 2005 年夏天，新加坡有很多华人，有很多学校也是华人学校。新加坡、马来西亚、泰国这几个国家，每一两年要举办一次华人学校学生的相声比赛,那次请我跟杜国芝老师到新加坡去当评委,我还学到了不少。你别看他们都是新加坡或者是马来西亚的学生,他们的华语说得挺好,而且华裔也特别多。

我跟杜国芝先生做完评委之后,我们又在新加坡一个剧场演了那么四五场,挺受欢迎。

与老搭档杜国芝演出照

那个地方华人特别多,净说汉语的,也挺文明,挺好。可是也闹了一个笑话。什么笑话呢?就是我刚跟杜国芝老师坐飞机到了新加坡之后,在飞机场你要入了人家的国境了,又踏到人家的国土上了,你必须得办手续。办手续这块有一个黄杠,人家都在这个黄杠后边排队,大约有两米左右有一个桌子,其中有一个女的带着大壳帽,好像是工作人员吧,我跟杜国芝老师在这黄杠一看,前边有两个女士,二三十岁在那办过关手续,杜国芝一看是两个女士一起办手续,办完了之后我们俩就过去了。

新加坡海关的那位女士就冲我们笑,也不说话,我还奇怪她笑什么呢。后来我们才闹明白,敢情人家是一个一个地办手续。刚才那两个是姐妹，是特殊情况，我们两个得一个一个地办，这样我们挺尴尬，我就叫他先办，我就退回到黄线后边来了。要是按我们的习惯，应当说还得从最后一个排，人家排队的人又给我让出来，还让我站前边那地方。

还有一回我跟杜老师在新加坡逛马路，那的天气很热，我们走到一条马路的便道，也就是几米宽一个小马路，这个小马路是个上坡，我那么一看，上边开来的一辆敞篷车，司机是个三十多岁漂亮的美女，人家笑着冲我们招手，杜国芝就跟我说："伯祥师哥，你不错呀，你外国还有相好的朋友？"我说你别胡说八道的，我第一次来，我说我都六十多岁了，哪有我相好的朋友。他说你再看看。我一看，我们俩在这站着，那个美女还那样冲我们乐。后来我意识到了，人家那个地方车让人，人家让我们先走。人家不能绷着脸和你比画啊，所以冲你笑，咱给误会了。回来以后，我挺不好意思的，说天津卫的话叫露怯了，不懂啊，其实人家这是讲礼貌，好规矩。

我们在那待了一个多星期，人家有好的咱就得学。现在我们经常去国外旅游，我给您提个醒，在国外的马路上，只要有小学生过马路，四个口全是红灯，我们就见过好几回。不管你是东西南北，全亮红灯，得等学生们完全到了安全区，上了便道，才开始通行，这是很好的规矩。

后来我跟杜老师还去了一趟美国，到了美国的洛杉矶。

洛杉矶是美国的一个大城市，你走在街上、走在镇上，如果要看见几个外国人倒是很新鲜，大部分是华人。我们在那的演出时间是八号，我们是六号天亮着走的，到美国还是六号，天还是亮的。

到达以后有点儿别扭，感觉困。到了八号，开演之前，后台来了好多人，问哪位是李伯祥啊？哪位是伯祥同志啊？我一看有天津的、北京的，都是老观众。

散场以后来了一位印尼的华侨，他说李伯祥先生来了，你说的相声我听得懂，我不但听得懂，我乐了，我笑了。

在那演完了之后又去了拉斯维加斯，还去了一趟西雅图，好漂亮。还有一位华侨说，我这么多年没有这么笑过，我听你的相声我笑了。你说的相声我听得明白。

之后又去了一趟芝加哥。驻芝加哥的总领事一看见咱们去了，很高兴，看完演出转过天来宴请我们大家，后来一叙谈才知道，总领事还不是外人，他就是天津人。老乡见老乡，尤其在美国，那是非常高兴的事。

这一趟新加坡、一趟美国，给我们留下了很好的印象，什么印象呢？中国人在外边更团结，中国的艺术在外边很受欢迎，这是我跟杜老师的一些去外国的经历。

53　说新唱新迎解放
与时俱进说相声

　　作为一个相声演员，要两条腿走路，就是说既要有功底会说传统的，又要善发展会说新的。你不能吃老本，相声有一百多年历史，老先生留下这么多段子来，我光说老的，那叫啃老族，那不行。你还得与时俱进，随时改善，随时革新，得会编新的、说新的，相声这门艺术才能成为一个可持续发展的行业，才能在创新中不断发展，才能在群众当中生根开花，长盛不衰地受观众欢迎。

　　发展是硬道理，万物都得发展。相声也一样，必须得发展。相声能生存到现在，就是因为它不断发展，如果停滞不前了，那今天就没有观众欢迎相声了。相声到现在有一百多年了，最早的相声有三百零几段，随着社会的发展，有些段子慢慢地就跟不上时代了，这些段子就属于自然而然地被淘汰了，我随便跟您举个例子。

　　新中国刚刚成立那个时期，相声马上就发展改革了。比方说我们相声有个老段子，叫《数来宝》，也叫《买卖数》"进街趟子"。过去传统的这么唱："竹板打，进街来，我瞧了瞧，一街两巷好买卖。也有买，也有卖，许多的幌子和招牌。金招牌，银招牌，哩哩啦啦挂起来。说这二年，我没来，听说老板发了财，那么你发财我沾光，路过相求来拜望。一拜君，二拜臣，三拜掌柜的大量人。人要是大量海量宽,刘备量大坐西川。西川坐下了汉刘备,保驾臣,三千岁。三千岁,人又高,马又大,豹头环眼胡子乄,大喊三声桥塌下。夏侯杰,落了马,曹操一见也害怕。曹操见了特别害怕,吓得他老婆要改嫁。"把曹操吓成这样,掌柜的、老板一听高兴了,兴许就给个三块两块的,可这是传统的。

1949年1月天津解放,4月份就把这段给改新了。再唱就这么唱了:"竹板打,进街来,一街两巷好买卖。大掌柜,您老好,问你好,您听我唱段数来宝,这个数来宝我先唱,我就唱的是天津北平都解放……"(这个地方我得停一下,为什么叫天津北平都解放呢?因为年头太多了,在唱这个段子的时候,北京还没改过来,还叫北平)"天津北平都解放,解放了天津还有北平,解放军真英雄,解放军大胜利,和平解放,傅作义,傅将军留大名,接受了八项真和平,彻底和平这八项,中国人民有希望,他给后人做了榜样。这个解放军胆子大,前线作战死不怕,不怕死,为人民,美名千载万古存。那总司令是朱德,他南征北战为中国,中国的内乱这些年,幸福的生活就在眼前。也不论穷,也不论富,富的要把穷的顾。顾穷人,不算晚,从今以后大生产。共产党真英雄,带领着人马打辽宁,东北六省全解放,解放了华北打山东,淮海的战役大胜利,马上过江要解放南京城,大掌柜,你别发楞,给上几块接着听。"

刚才我唱的这个小段就是《数来宝》,这是我1949年4月在济南晨光相声大会学的,到现在已经六十多年了,我还记着呢。因为我干的就是这个行业,我的天职就是说相声,要是记不住我对不起观众啊。

不仅如此，我们说的很多段子也是在不断地改革，不断地发展，我们有一段相声叫《八扇屏》，新中国成立初期把这个老段子也改成新的了。例如:《八扇屏》里有这么一个段子，捧哏的跟逗哏的讲:"您别跟我一般见识，我没见过什么知识，没见过什么大城市，我是个农村的，我是个乡下人，您看怎么样啊?"这是个老段子，大家都知道。

逗哏的就说了:乡下人?你别小瞧乡下人，乡下人你可比不了。捧哏的问:我怎么比不了呢?乡下人那是一辈古人。古人?哪辈古人? 这逗哏的开始说"贯口":"乡下人是一辈古人，你不知道我说说你听听。在想当初唐朝的时候，有一位乡下人，此人复姓尉迟名恭，号敬德，保定山后刘武周，日抢三关，夜夺八寨。自从秦王夜探白壁关，敬德月下赶秦王，打三鞭，还两锏，马跳红泥涧。自从降唐以来，征南大战王世充，扫北收服皮克能，跨海征东，月下访白袍。唐王得胜，班师回朝，在午门外拳打皇叔李道宗，打掉他门牙两齿落地，唐王大怒，将他贬至田庄为民。到后来，白袍访敬德，这一日尉迟恭正在船头独坐垂钓，忽听得身背后人又喊，马又叫，口中言道:我乃征东薛平辽，特意前来访故交，你我金殿去交旨，保你为官永在朝。敬德说我不愿为官，我乃是山野村夫，耕种锄刨—乡下人也。"

我自己给我自己鼓鼓掌。敬德尉迟恭这唐朝的大将，他是乡下人，你这个捧哏的、说相声的，你比得了吗?

这可是老的。解放初期又有一个新的《八扇屏》的乡下人。 最早说乡下人说尉迟恭，后来就改成战斗英雄董存瑞了。我当年就这么使过，到今天还记得，我给您学学。

比方说这捧哏的还这么说:我呀没到过大城市,您呐原谅我,我是个农村过来的,我是个乡下人。前面还是一样,这逗哏的说:乡下人?乡下人你可比不了。原来那个老段子,乡下人是一辈古人,要是说新段子呢?

乡下人是一位战斗大英雄,你比得了吗?这捧哏的讲:乡下人是一位战斗大英雄,您说说我听听,我看看我比得了比不了。好,我说说你听听。观众原谅,我今年七十多岁了,我这给大家示范一下,万一有个崩挂掉字,我拿过来再说,这位乡下人我跟您说说您听听。"这位乡下人,在我国察哈尔省怀来县南山堡村,有一人姓董名存瑞,出身贫农,自幼放羊。1945年参加八路军,后改为中国人民解放军,一年后加入共产党。此人平日刻苦练兵,战时立过三次大功,投弹射击,能耐出众,爆炸技术,更是高强。1948年5月26日,我军攻打热河隆化,霎时间拿下了台山高地,进入县城,但只见敌人的工事密如蛛网,明堡暗堡不计其数,其中有桥桩堡垒一座,封锁了大路,那敌人藏在工事之内,掌握着十几挺机枪,交叉成猛烈的火网。我军一时无法前进,我军连长两次派去爆炸组,皆未炸中,董存瑞一见两眼发红,口称连长,何不让我冲上前去,炸他个片瓦不留。连长闻听急忙拦住,口叫董同志,你已经爆破两次,疲劳过甚,休息一下才是,董存瑞说解放人民要紧,疲劳算得了什么,连长见他决心已定,这才答应。只见董存瑞怀抱炸药包,冲上前去,这时间枪弹如雨,榴弹开花,董存瑞一口气,冲到敌人的碉堡之下,吓得敌人目瞪口呆,怎奈这碉堡四周俱是平地,无法安置炸药,若将炸药放在平地离碉堡之下太远,炸开也是无用,董存瑞站在枪林弹雨之中,把牙一咬,决心舍上性命,也要完成这个任务。只见他一手托起炸药包,一手导开火线绳,猛听"哄"的一声巨响,震动天地,敌人的碉堡化为灰烬,全体指战员勇猛前进,霎那间拿下海底工事,活捉匪人一百余名,隆化城乃告解放。到后来冀察热辽军区司令员程子华将军,特写一篇文章纪念,号召全军学习发扬董存瑞英勇的精神。"

这是我 1951 年前后学的,到现在七十多年了,我还能记得住,向大家汇报一下,我感到这就是我的光荣了。

54　夯实基功好起步
巧使套路易成才

　　贯口是相声演员的基功,就好像是一串珠子,它用一根线贯穿,这有一个盘子,一铰这线"嘟"这珠子掉下去,那就叫"大珠小珠落玉盘",那叫一个露脸;可如果说有一粒珠子一卡壳,后面的贯口就全完了。这叫什么呢?这就叫现眼了。因为这个贯口,说咱们天津卫的话,是"膀大力的",一点儿含糊都不能有。

　　说相声光有基功还不行,还得有悟性。在台上有了突发情况,需要你临时处理,迅速解决,忘了怎么办?出了问题怎么办?这得有一种悟性。

　　假如今天的观众都是年轻的,我应该用什么方法使活,今天观众都是年岁大的,我应该怎么个说法让他们满意。这都要随着实践而升华,需要摸索出规律性的对策。也就是说你必须得有感性上的认识,积累到一定程度以后升华到理性,回过头来再拿理性去指导感性,做到随机应变,决定我怎么去表演。能做到这些就算是一个真正的好演员了。

　　相声演员要有悟性,要有感性,要有基功,最重要的还有一样——还得有文化。

　　文化就是知识,相声演员没有文化不行,可完全学院化,也不见得就能培养最优秀的演员。

188

相声演员真正有文化的不多，我们老先生里张寿臣先生有文化，高桂清先生有文化，他们都读过四书五经。当年相声演员里真正大学毕业的就有一位，叫夏雨田，他写了好多的段子，《公社鸭郎》《女队长》都是他写的。但是有文化、有知识是一个方面，他还懂表演，我曾经跟他一块表演过。夏先生对相声是有功劳、有贡献的，就他自己而言，他写作方面的贡献要超于他的表演能力，这是事实。

55 闲聊津门"三不管" 漫话沽上"四大开"

相声演员必须有文化,必须要有地理知识。我是天津生人,就说天津吧,如果概括地讲什么叫天津啊?你不能说天津有个劝业场,天津有个百货大楼,概括地介绍天津应该怎么讲?

当然了,现在天津的发展几句话是概括不了的。我说的是过去相声演员说到的那个老天津,老天津过去有一种拉洋片的,他拉着洋片唱的那几句就把天津的面貌说出来了:"九河下梢天津卫,三道浮桥两道关,南门外有个海光寺,北门外头北大关,西门外有个教军场,东门外头有个盐滩,鼓楼修在正中间,黄牌电车上海关。"这就是老天津的基本面貌。

天津是个发展城市,把城墙拆完了之后,改成白牌电车围城转,而且人越来越多。天津是一个人口流动比较大的城市,外地人很多,大多来自安徽、山西、江苏、浙江、福建、广东等省,所以天津号称"五方杂处",东南西北中,哪的人都有。

就拿我来说吧,我是天津生人,但我的原籍是北京,也是外来的。随着外来人口越来越多,工商业发展越来越繁华,原来的老天津城那个小城圈装不开了,到了1901年天津城墙拆除后,当时的居民、商铺逐渐向南扩展,就在老城区的西南方有一块开洼空地,南门外的靠东边一点,就是今天南马路和南门外大街相交的西南一带地区,没钱的就在那一块盖窝棚居住。这时

190

以清末直隶总督荣禄为首,包括各省的督军们,都认为这块地方能发大财,相继成立了荣业、东兴、慎益、清河、广兴、福顺、永安、两益、聚福九家公司,并在"卫南洼"一带购地填坑,筑路建房,几年时间成片的红砖瓦房拔地而起,并且将街道和胡同以公司名字命名,就把那片开洼逐渐开拓成了城区,发展成繁华的南市地区。

这块地界在清康熙年间被开辟为洼地种稻米,是最早时候的"南开",后来虽然发展成居民区了,但民众仍习惯管这一带叫"南开"。它的对过有一个地方叫芦庄子,也就是现在的北安桥那个地方,那里是一个码头。整个南市地区,不仅商业店铺、风味饭馆随处可见,而且报馆、旅馆、澡堂、游艺场也很多,和北京天桥一样成为繁华的地区。

过去天津有不少以开为名的地名,比如南开、北开、西开、东开,这叫"四大开",只是东开不大有名,另外还有西广开、老西开等。

南市的商业发展了,就得有相关服务设施来配套,于是就产生了很多的饭庄子、澡堂子、戏园子。那时南市地区的饭馆很多,有登瀛楼、天和玉、先得月、聚合成、天一坊、什锦斋,还有泰华楼、泰丰楼、太白楼、同福楼、天和玉等,戏园子有了燕乐、升平、广和楼、丹桂、第一台、大舞台、华林、聚华、群英等好几家,那的澡堂子也不少,有玉清池、华清池、全兴澡堂、明园澡堂、新华园等。

南市还有上权仙、上平安、开明三家电影院,上演卓别林主演的滑稽片。后来也放国产片,1936年上演了《天津皇会》,那

191

是场场客满,兴旺一时啊。

除了饭馆、影院,南市还有一些茶社、书场,如专演相声的三友茶社,其他如连兴、万福、林泉、宝山等书场,经常有长篇大鼓书和评书表演。

南市兴盛了,聚拢了这么多卖艺的、服务业的人员,也得有地方住啊。得想办法吧。南市它是在南门的东侧,也就是在左边,右边还有一块地,这边一块地怎么办呢?就往南边开吧,往南边开吧。南开南开,就是这么来的。

我这是戏说。过去那个地方都是平房,解放以后发展了,那个地方叫南开,还是住不开怎么办呢?那就再往前边走点,一拐弯咱们奔西开。

那时有个绿牌电车,就在法国教堂那个地方,叫老西开。西开不是西门以外,而是因为在法租界以西而得名的。

还是不够住,天津人越来越多了,再扩一扩吧,咱西广开吧。虽然我说的是戏说,但天津的发展主要是人多,都愿意到这来,这是说到天津。

再说回相声。那时的相声演员大部分是北京人,可也得在天津得到承认了,才能够去各地卖艺挣钱。

56　升堂入室知轻重
　　乐在其中是高人

　　我对相声的态度有一个转变的过程。从我小时候没有动机不知道为什么说相声；到大了一点因为学相声挨打就反感说相声，腻味说相声；再大一点知道了说相声是我的饭，为了吃饱饭说相声，开始认可相声；等我长到十八九了，说相声受到观众的欢迎，因为说得不错还受到了尊敬，认识就逐渐地升华了，爱上说相声了。因为它是一门学问。

　　这时我就给自己提出更高的要求了，光是贯口好不行了，还要研究点"子母哏"的段子，还要增加"柳活"（演唱）。我经常去看戏，不光看京剧，评剧、越剧、评弹我都看，看了以后跟人家学，南京说相声的里面张永熙、潘庆武的越剧、评弹唱得好，我也跟他们学。

　　说到这，李老师用手拍着板，有滋有味地唱了两句弹词开篇《宝玉夜探》："隆冬寒露结成冰，月色迷蒙欲断魂。"确实有蒋月泉蒋调的韵味。（执笔者注）

　　我原来嗓子好，五音也还不错，唱戏也搭调，我年轻时能唱全本的《二进宫》，抱着铜锤唱徐延昭，能唱《白良关》里的"小黑"尉迟宝林，评剧、越剧，评弹也能唱。

　　我到了房建队以后干过一段时间的重体力劳动，落下了毛病，胃口坏了，腰也坏了，到现在也总疼，最可惜的是嗓子坏了。

青年时嗓子坏了叫"倒仓"，到中年嗓音失润叫"塌中"。我就是"塌中"了，打那就不怎么唱了。

《论语》里有一段话："知之者不如好之者，好之者不如乐之者。"这是孔圣人说的，翻译成现在的话就是说："懂得它的人，不如爱好它的人；爱好它的人，又不如以它为乐的人。"这是《今晚报》上登的，我拿剪刀把它剪下来了。我虽然没有上过学，可我好研究，我就琢磨它里面的道理。

我平常爱琢磨，到什么地方用什么语言合适，比如说"我有个事跟大伙说说"，这样说在北京、天津、济南都没问题，到了上海就不行了，得说"有个问题跟大家讲讲"，他就听懂了。说相声到不同的地方要有不同的使法。如同李少春先生有一个说法，京剧武戏开打时，演员要有三套打法，一个是皇族的，过去演员要进宫当皇差，那叫内廷供奉；一个是大家族的，那时候有钱人家经常办堂会，要让他们爱看；还有一个是老百姓的，就是在普通园子演出，符合普通观众的口味。

我现在感觉自己是个"好之者"，就是爱好相声，还没有达到"乐之者"的境界，"乐之者"是把自己所有的精华、血液、灵魂都放在这上面。我在讲课时说到有一个人是"乐之者"——白全福。有一次我们到上海演出，我们爷儿俩私交不错，聊天时我问他，我说三叔我问您一个问题，他说小子你说吧，我说您说是江山重要啊还是相声的包袱重要啊？一般人听到这个问题他得琢磨琢磨，他不加思索，马上就回答我说：小子你糊涂啊，相声的包袱重要啊！我说这我就不明白了，您给我解释解释为什么呢？他给我一举例子我乐了。他说这个江山要是丢了，咱重整人马再去夺,遇见机会还可以夺回来;这相声的包袱要是丢了,你使包袱的劲头就再也找不回来了。

我当时对他肃然起敬，他把包袱的分量看得比江山还重要,他是个相声的"乐之者"。

2016 年奥运会,郎平率领中国女排重新夺得世界冠军,电视里郎平哭了,痛哭流涕,她不是哭,实际上是太高兴,物极必反,乐极生悲,她把心血都搁在这里面了,这才喜极而泣啊。郎平就是排球的"乐之者"。

英国有一位大钢琴家,他钢琴弹得特别好,他有个朋友很崇拜他,也苦学他的曲子。他患重病临去世的时候,这朋友来看望他,看他躺在床上动不了,心里很难过,就弹一首他的曲子来安慰他,谁知弹到激昂之处,好多天动弹不了的钢琴家居然坐了起来。这不是迷信,这完全是精神作用。这两位都是音乐的"乐之者"。

57 悟透机关知玄妙
运用自如显神通

　　我当年经常跟这些前辈学"道道"，就是使活的机关诀窍，这活怎么使才像话啊？这包袱怎么使才响啊？因为他们都有相当多的实践经验，他给你一解释你就少走弯路。这就好像在工厂干活，一大帮人搬运机器推不动，来个有经验的老师傅一指点，在这底下搁一个轴，一轱辘就过去了。这就是窍门的作用。

　　师父领进门，修行在个人。说相声难，就难在劲头、活口、尺寸、方法。我跟老先生们学了不少这些东西，有时候他们要是不给呢？我就"偷"学，"偷"不能让对方知道，以后躲开他，再使这些东西。我"偷"冯立铎先生的东西不少。

　　天津说相声的演员中有哥儿俩，人称"冯氏双侠"。哥哥冯立铎是大侠，也称"大冯爷"，是高桂清的徒弟；弟弟冯立樟是二侠，也称"二冯爷"，是张寿臣的徒弟。他们弟兄都很有本事，冯立樟的相声是功夫型的，冯立铎先生是滑稽型的。但是他的"劲头"不好找，我有时候就学他。你看他表演时有时捋下头发，回个头，干什么呢？他找"劲头"呢。

　　他如果面对着你就这么说台词，到包袱口有可能就不响，可等他回一下头再来使，他就找着劲头了，这包袱就容易响了。

　　相声不是有迟、急、顿、挫吗？不还有顶、刨、撞、盖吗？咱们举例说，《八扇屏》里演到："你得了吧，得了你不吃去？你瞧，我

196

瞧你练？你听哎，我听你唱？这何苦呢，河苦吃井水。"这几句就要用"顶"的手法，把节奏催上去。如果用"迟"或用"顿"的手法就不行，劲头泄了就很难再出效果了。

有的相声里有自然包袱，像"我狗尾巴花，我花尾巴狗"，这包袱小孩使也响，外国人说观众也能乐。这叫"活保人"。

我们提倡要说明白相声，包袱不响，你要知道为什么；包袱响了，也要知道为什么响的，要是不知道，那包袱就是响了也是蒙上的，不能保证下回使还响。

相声说的好坏，关键就是看你如何正确使用这些方法，这一辈子都得学。学了以后还要能灵活运用，会拆大改小。比方说这个段子二十分钟，我缩短到十分钟也行，八分钟也行，只要是别伤了主线。如果需要扩大，我再添上十分钟也可以，想办法给它拉成一条线。具体怎么用呢？要看场合，需要缩短我就要掐，但是灵魂我不能掐，今天太"嫩"了，就要加上几个例子，不然这一堂观众听不懂。在这方面我通过这些年的摸索积累了一些经验，有一些应对的办法，也取得了一定的效果。

有一年我去济南演出《周游世界》，新和我搭伙的是我师弟徐秀林，我说前边咱们垫一点外国话，词已经对熟了。到了剧场我扒开台帘一看现场，发现大都是济南的观众，我就告诉秀林说咱这得改，不用外国话入活了，他当时就着急了，说现对来不及呀。我就告诉他哪句是最主要的"关子"，并跟他说你接住了就行，我一会就把你领进来了。

上台我就说：这次到济南来，大家欢迎我，我特别高兴。很多演员有他的艺术性，他明明不是山东演员，他也说是山东的，是济南的,这算人家对咱们山东人民的团结。说明和山东观众的距离越来越近,他们这是艺术性。但说话要有分寸,不能说他说假话骗人,不能贬低人家。我一直说着普通话,说到这我一拍桌子,就倒了济南口了:"各位,我可是济南的!"这底下观众"哇"就炸了窝了,那叫好声兜四角就起来了。

与师弟徐秀林演出照

我接着说:"我跟你们说,我为什么是济南的哈,我 1943 年就在济南大观园的晨光茶社学徒,我那个时候是这的'小么子'。""小么子"是济南土话,就是小孩,在天津卫叫小不点。

"我跟你们说的都是实际的,绝不是瞎包(不着调),也绝对不是崩没根(吹牛)胡落落(胡说)。"底下的效果那叫一个热烈,远远超过了用外国话入活。这就是灵活运用。不能错窝不下蛋。

这样聊了八九分钟,我再说,我会说济南话,我会说上海话,我还会说外国话了。我到过外国,这不就入活了嘛。

好的相声演员对段子的各部分内容应该特别熟悉,对一个整体得能拆能卸,拆开以后,还得会重新组合把它装上。就像火车的车厢一样,只要车厢的连接钩是一样的,不管是绿皮火车还是电动的、内燃机的,你都得能摘能挂,就能重新连接成一组列车。

单口相声我听了不少,也会说一些。可是我从小在园子就是攒底,到曲艺团也是攒底的时候多,绝大多数都是说对口相声,就没有什么机会使《八大棍儿》这类的段子。当年天津说《八大棍儿》的好多老先生都不错,我感觉最好的当属武魁海,就是魏文华、魏文亮的师父。他的单口相声使出来能让你听上瘾,不吃饭也得听完了,这是多大的本事!

58　桃李争荣十八子
茱萸遍插少一人

　　我的徒弟到目前一共十八位，正好符合"十八子"，因为我姓李，李字不是"十八子"吗？

　　这是我的十八个徒弟，有刘继深、郑健、戴志诚、金望、高吉林、高玉林、刘毛毛、李增满、王平（已故）、耿直、秘洪泉、孙庆华、于琪、吕小品、李甦、王月、李庆丰、孙承林。

　　我有个名义大徒弟，为什么这么说呢？我年轻时在济南说相声，有个好搭档叫刘万山，他和我约定，他的儿子刘继深算我的大徒弟。

　　我到天津以后还没进市曲艺团，在业余时说相声玩玩，连着挣点小钱。和平相声队排了一个化妆相声《法门寺》，有吴刚伦、马洪生、马洪信等人，在滨江剧场演出，当时缺一个角色，缺一个大太监刘瑾，让我来补台。我说我都多少年没演了，可大伙盛情难却啊，我就扮上戏上台了，反正是业余玩玩，也就很轻松地演下来了，记得有一处台词记不清楚了，我就抓现挂，带着戏韵说"我忘了，观众不要乐了"。回头问旁边的人，人家一提词，我再装成骄傲的样子说"我早就知道了"，台上台下都乐了。

　　完了事大伙还都夸我。这里面有两个警察就注意我了，您别误会，这两位警察也是业余说相声的，他们注意我是想拜我为师。这两小伙子一个叫高吉林，一个叫金望。他们就来找我说

200

李老师，您这本事太大了，您收我们当徒弟行不行？当时杜国芝在旁边还开玩笑，说要不你们俩拜我得了。高吉林和国芝挺熟的，也和他开玩笑，说你拜我还差不多。

我说北京的大蔓儿多，你们怎么不拜，偏要拜我呢？我现在的名气还没有你们大呢。他们说我们就认准您了，我们给您跪下，说着话在马路上就要行大礼，我赶紧拦住了说别着急，咱们回头再说。他们说别回头再说，我们认定您了。这就算我在天津最早收的徒弟，比戴志诚、郑健还早。

等我进了天津市曲艺团，我是教师，职业就是教小戴、小郑，他们俩学了三年毕业了，要填表，领导问他们："你们的师承是谁呀？"他们说："是李伯祥。"领导说："这可是要进档案的，可不能后悔。"他们说："不后悔，就是李老师教我们的。"

1985年，鞍山曲艺团来天津演出，团长是评书演员刘兰芳，当时是刘兰芳正火的时候，她火到什么程度？她在合肥一个大剧场说评书观众爆满，旁边还有一个体育馆作为分会场，听现场转播观众也都满座，这事现在想起来简直都是不可思议。

这期间戴志诚到我家来，和他一块来的还有一个小伙子，这位一进门就给我跪下了，吓我一跳，我说这位先生你怎么了？小戴介绍说："师父，这位是鞍山曲艺团的王平，也是说相声的，他特别崇拜您，想拜您为师，又怕您不乐意，非让我带他来。"我说："你先起来小子，咱爷儿俩好商量。"

他站起来以后还是磨着我要拜师，我说："北京有那么多大蔓儿，你拜一个多好，我名气又不大。"他说："不，我就认准您了，您就是我师父。"

我们爷儿俩聊了一会,我还挺喜欢这个小伙子,我最喜欢的是他的"口儿正",虽然他是东北人,可说相声不带东北味儿。说相声的管这个叫"碟子正",我们行内最注重这个,您看有的成名的人物虽说名气挺大,可"口条"不正,听着不舒服。

这王平一是"口儿正",二是"有模样"。小伙子形象好,长得漂亮,上台有人缘;他还能唱,还会吹小号,脑子也快,这都是他的优点。我对他的期望很高,觉得他会很有发展。

王平的个头不高不矮,也很合适说相声,您看我个子矮,上台就吃亏。可话说回来,个子太高了,也不适合说相声,假如让姚明说相声,那观众就光注意他的身高了,说的什么都没注意,这就"挡买卖"了。

我石家庄还有两个徒弟,一个叫刘毛毛,一个叫李增满。

我在济南还有个名义上的徒弟,叫马延泉,他当年在晨光是小学徒,是"官中"的徒弟,就是大家的徒弟,每天擦桌子扫地,开场时说个相声小段,挣个零钱,三年自然灾害的时候,粮食紧张,我有时候给他些饭啊菜的,给点儿粮票,他就特别感激我。

有一次他参加少儿比赛,我为了鼓励他,说你今天要是得了优秀奖,咱们是一碗米粉、一个烧饼;要是得了二等奖,奖励一碗米粉,两个烧饼。结果他拼了命了,拿了个一等奖,下场以后我得说话算话呀,就又是米粉、烧饼,又是鸡蛋的买给他吃。当时是"度荒"时期,你坐三轮要是额外给车夫二两粮票,他能不要车钱,所以马延泉他永远记得我这顿饭,后来谁要是问他你师父是谁,他就说那就是李伯祥。

后来演电视剧的吕小品来找我，非要给我磕头拜师，我说你是演小品的，拜我干什么用啊？他说跟您说实话，我是搞喜剧的，就崇拜您，我和那大胡子李琦，我们演小品、演电视剧都想学您的风格，有不少是偷的您的劲头。我们虽然不以说相声为职业，可是就想拜您为师。他们是找李金斗带来的，金斗也直劝我，说："干爹，他们这么喜欢您、崇拜您，您就收了吧。"我说那你们要是实在不后悔，我也没什么意见。

那时合肥武警部队有一个军官王月，也非常想拜我，金斗说，那就让他们仨人一块拜您吧，举行个拜师仪式，正好也让您的所有徒弟都来行礼排个次序，以前收的徒弟们算谢师。

李伯祥夫妇在谢师、拜师仪式上

这样，2006 年 5 月中旬，在北京的湖广会馆举办了一个谢师、拜师仪式，我把刘万山的儿子刘继深也找来了，因为我和他爸爸是好友，他也是我认可了的大徒弟，我不能忘了旧谊。

收徒那天挺热闹的，京津两地相声演员来了不少，现场有我师父和我父亲的大幅照片，是张永熙先生和常宝霆先生给揭的幕，主持人是金斗和孟凡贵。最让我难忘的是，前来祝贺的还有八十七岁的京剧武生泰斗王金璐和八十五岁的京剧花脸名家景荣庆。他们听说我收徒，来给我祝贺。我酷爱京剧，京剧界的朋友很多。我上次到北京演出，谭孝曾、李海燕都来和我打招呼问好。

因为我师父是赵佩茹，我收徒弟是为"赵家门"添人进口，所以我把我师父的女儿、女婿请到现场，我师父的女儿比我大一岁，是我的姐姐，她叫赵英璇，是儿童医院退休的护士长。

过去师父收徒弟都要给起个艺名，这叫"给字"，我的徒弟们都有个松字，戴志诚艺名松坡，郑健艺名松海。

多年以前，刘文亨先生收徒弟，收的是河南的范清堂他们几个，北京的相声名家王世臣来祝贺，带着他的孙子王硕，那年五岁，说他会《报菜名》，现场还说了几句。世臣王爷跟我说："伯祥，你贯口好，这小子也喜欢贯口，以后他要是说相声，就是你徒弟。"

当时是随口的笑谈。等到这小孩二十五岁了，李金斗带着他和他妈妈找上门来了，说您当年承认这个徒弟了，已经许给人家的可不能不收。我说我就是不许给他，别看他这么小，他也得管我叫大爷，他就是这个辈啊。这么着，在北京又办了一回拜师仪式，收了这个徒弟，他的艺名是松魁。

最近我还要再收两个徒弟，一个是天津广播电视台的主持人王喆，一个是呼和浩特广播电视台的杨利生。他们都喜欢我，打算想要拜我。特别是王喆，他是电视台《白话体育》的主持人，从小听我的相声就上瘾，我说的《聊天》他完全能背下来，在一场晚会上，他和郑健还拿《聊天》里的贯口来了个比赛。2006年德国世界杯赛的时候，王喆搞了个节目叫《白话世界杯》，您想我是"李大白话蛋"啊，我又是足球迷，他不得邀请我去参加节目吗？到了演播室，我们把世界杯赛的历史、德国足球的现状、各国球星的特点这么一聊，观众也都给我们面子，特别爱听，据说那天的收视率都破了纪录了。打那起，他就打算拜我了。

王喆这几年去援藏去了，还曾受到昌都市政府的表扬，授予他"优秀援藏干部"的称号。他在天津广播电台还主持了一个节目叫《白话往事》，你看他的节目都是以"白话"为主的，我"李大白话"能不收他吗？

除了我这二十多个徒弟，我还有几个义子干儿。第一个是李金斗，我和他师父赵振铎是发小的伙伴，在晨光一块儿学徒，在天津一块演出，关系很好，赵振铎大我两岁，我喊他大哥。金斗拜师以后，见着我喊我师叔。有一天振铎大哥发话了，说金斗你不能喊他师叔，你得喊他师大爷。把金斗说愣了，说这是怎么回事啊？振铎大哥说，我比伯祥大两岁，他尊敬我喊我大哥，其实他比我进相声行早，我得喊他师哥，你不得喊他师大爷吗？

我说大哥咱先论后不改，就让金斗喊我师叔挺好。振铎大哥说那不行，这规矩还是必须要讲的。要不这样吧，你们爷儿俩再近乎近乎，让金斗认你作干爹吧。金斗说好好，干爹，您给点什么见面礼吧。

金斗这些年对我都很好。十年前我得病住院，他赶到天津来看我，怕我闯不过去这道坎，在病房急得直哭。我这几次收徒弟都是他帮着我操持的,收徒仪式上他还给当主持。

2012年,我和刘兰芳、李金斗一起去陕西神木演出,回西安时去看了个朋友,也是说相声的老演员叫郑小山,是王本林的徒弟,他说有个徒弟叫苗阜,在西安办了一个青曲社,咱们去看看吧。我们就去青曲社参观,苗阜和他的搭档王声在舞台上突然给我跪下磕了三个头,说我们崇拜您的艺术,可我已经有师父了,我就拜您当干爹吧。

郑小山也挺高兴,说孩子有这个心愿,兄弟你就成全他们吧,以后我的徒弟都算您的干儿子。这样,中央电视台法制频道的王雷也是郑小山的徒弟,也算我的干儿子。

苗阜王声后来多次来家里看我,苗阜说我得把干爹接西安去,结果接我去西安演了几场。效果很好。苗阜去年还给我做的大寿,对我很孝顺的。

天津的相声演员刘俊杰是苏文茂的徒弟,是我的徒侄。他很用功,说的也好,自己还能创作,这是很难得的。当年我们承包队去外地演出,刘俊杰就是我的得力干将,这些年我们爷儿俩处得很好,他也很孝顺我,总张罗着给我过生日。

我的爱徒王平是东北人,性格豪爽,脾气直,这是个优点,可有时也就成了缺点,他有时太倔了,爱钻牛角尖,因为较真有时和别人抬杠,还有就是喝酒也太豪爽,不知道藏奸少喝点,这就对健康不好。王平这个徒弟我没白收,对我非常孝顺,是个好徒弟。他说我要是给您些钱,您一花就没了,我给您办点实事,他介绍我大孙子参军去了部队。

每年我过生日,不管多忙,他都会尽量抽时间来看我,如果来不了,也不忘打电话问候一声。论天赋,在我的眼里,他在我徒弟里是第一等的。

王平在相声上面下的功夫很大,也很有成就,他是全国青联委员、辽宁曲协副主席,还是中国刑警学院、辽宁科技大学的客座教授,他是辽宁省武警消防艺术团的团长,警衔是大校。

2013年2月22日晚上8点,王平刚从苏州拍完电视剧《刀之队》回来,这个戏的导演就是吕小品,可能是他太疲劳了吧,突发心脏病,还没等急救车赶到就去世了。才刚刚五十岁,还有四个月才过五十一的生日呢,没想到人这就没了!当天中午11时点他还发微博呢。

事发确实是太突然了,没想到他这么早就离开了舞台。我接到凶信儿那一刻,当时就蒙了,真的不敢相信,过年时他和吕小品还打电话给我拜年呢,怎么会呢?后来一看是真的,我这心里非常难受。虽说我是当师父的是个长辈,可我要去送送我这个好徒弟。家里人看我岁数大了,不放心,让我儿子松涛陪着我去。

王平的媳妇郭燕娟是评书大家单田芳老先生唯一的女弟子,我们到了之后,她从里屋走出,看到我就哭了,嘴里喊着:"爸爸,王平不孝啊!"说得我心里像刀扎一样难受。灵堂里哭声一片。王平的弟子们也呼啦啦跪倒一片给我磕头。

我这心里是说不出的难过。

207

59 潜移默化威力大
子承父业说相声

我大儿子生下来比较瘦弱，我母亲说伯祥你给起个名字吧，我说松树是长命的象征，岩石最结实，就叫松岩吧。

三年后我女儿出生了，我说女孩要文静一点，最好还要学好文化，就起名叫李松文。

又过三年我二儿子出生，我妈还让我给起名字。我说这孩子是属猴的，在松树林子里有松子吃，风一刮松涛阵阵，就叫松涛吧。我没念过书，您别笑话。

李伯祥夫妇与大儿子李松岩

我这辈子老老实实说相声，结果还挨整挨批斗，心里害怕了，就留下个后遗症，不愿意让我的儿子再干这行。

我的大儿子松岩长大以后参军了，从部队转业回来分到了木材厂工作,后来厂子不行了自谋出路,谁知一来二去也说了相声,现在到银川去弄了个相声社。

二儿子松涛原来在毛巾五厂当会计,后来工厂不景气,就去饭店当经理,后来那饭店效益也不行,就自己开了个小饭馆,还是我请李金斗给揭的幕,不瞒您说,本来我想的,让金斗给揭幕不是口彩好嘛,不就日进斗金了吗。可谁成想,他不是做生意的料,赔了个稀里哗啦的。

松涛他从小喜欢文艺,学过山东快书,相声演员王世勇给他开的蒙,是他快书的老师。那时松涛上台说山东快书,名字叫《计划生育好》。您想,他那年七岁,在台上一本正经地宣传计划生育,那观众能不乐吗,乐得简直都炸了窝了。那阵演出没有钱,给一盒烟,给一包点心。他拿回家来给他奶奶了。

这时候他又想再说相声了。虽然我反对孩子们说相声,可他们从小在我这个家庭,家里来往的都是相声演员,自然而然地就接触这些,潜移默化地都熏陶出来了,他们学相声也比别人要方便得太多了。虽说本事不大,可近水楼台先得月,他们要问点儿什么我马上能给解答,下功夫就在他们自己了。

我告诉他们,要学惊人艺,须下苦功夫,得山后练鞭,先出去闯一下吧。这时正好西安的苗阜来天津看我,就跟松涛说到我们西安去吧。

这样松涛就去青曲社说了一段时间,感觉效果还都挺好的,可就是离家太远了,往来不大方便,后来就回来了。

回来以后他还想出去,就联系了石家庄的洪顺曲艺社,那的演出队负责人是我徒弟刘毛毛的徒弟,得喊我师爷。经理是个大企业家,还是邯郸钢厂的总经理,还是侯耀华的徒弟,也不是外人,这样松涛就去了石家庄。

历练了一段,松涛的本事比原来也有点长进了吧。老板一看他还是个"明白老道",为了鼓励他,就让他攒底,还让他担任了洪顺曲艺社的副总经理和艺术总监。平时在石家庄和邯郸来回演出。

60 说旧说新说相声
谢天谢地谢知音

我总是从心里感谢观众多年来对我的厚爱,没有你们就没有我李伯祥的今天。我说话就快八十岁了,还能在舞台上说相声,还经常有全国各地来邀请我参加各种活动,这都是托各位的福。

相声是大家喜闻乐见的艺术形式,普及面非常广。我觉得说相声也要与时俱进,才能跟上时代的潮流。

我前几天去中央电视台录节目,导演让我说《周游世界》,我就从刚刚召开的奥运会入活,说今年的 8 月 6 号到 22 号,在巴西的里约热内卢东北角有个大体育场,叫马拉卡纳体育场举办了奥运会,我们中国代表团去了 426 个人,其中包括足球篮球羽毛球,排球网球乒乓球……大伙一听,这都是新近发生的事,就感兴趣了。

我接着说:"我们的奖牌总数第一,特别是中国女排获得了奥运会冠军,重返世界排名第一,我给她们送票去了……"这样不就入活(进入正式节目)了吗? 活(节目)还是这个活(节目),就看你怎么使。俗话说,师傅领进门,修行在个人。这个"修行",一个是要勤学苦练,一个是要动脑子去琢磨,领悟出其中的道理来。

前些日子,中央电视台有个栏目请我们去录像,有我还有尹笑声、王佩元、常宝华等几位先生。我们是一大早从天津出发的,到了北京以后可能他们准备得不大充分,再有点儿临时突发的情况,我们坐在候播厅整整等了十六个小时,录制过程中光现场的观众就换了三拨,那天还是我攒底,我和搭档许秀林说,再晚咱们也得认认真真地说,因为咱们答应人家了。到了录制的时候,我们抖擞精神上台表演,观众很热情,电视台的同志们也很满意,还觉得挺对不住我们的。等我们坐车回到天津,已经是夜里十二点多了。

我经常说,相声有人看,是我们的福气;我能给大家演出,是我的运气。这也是实实在在地为相声发展、兴旺尽一点我的能力,也算对得起祖师爷和广大观众赏给我的这碗饭。

弟子们眼中的李伯祥

刘继深 我父亲是相声名家刘万山，是我师父李伯祥的第二个捧哏的，曾合作多年，他们老哥儿俩既是伙伴又是朋友，我从小称呼我师父李伯祥为干爹，后来也从事了业余相声表演。当年我父亲跟我师父李伯祥说，你就认了这个徒弟吧。从那时起，我们就以师徒相称了，到现在一直相互往来，保持联系，逢年过节以及师父师娘做寿，我必到家中祝贺。

刘继深

郑健 我是郑健，1978 年进入天津市曲艺团，走上专业相声之路。刚进团是相声老一辈艺术家郭荣起先生负责教学，带了我和戴志诚半年多时间。后来郭先生身体不太好，不能天天到团里上班教学，我俩（当时是天津曲艺团最小的一对相声）急需再找个老师来教我们。经团里决定，请来了李伯祥先生到天津市曲艺团学

郑健与师父李伯祥

213

员队教学生,当教师,主要负责教我和戴志诚,也就是从那时候起,我与师父结下了师徒缘分。

戴志诚 我是戴志诚,1978年进入天津市曲艺团,走上专业相声之路。刚进团是相声老一辈艺术家郭荣起先生负责教学,带了我和郑健半年多时间。后来郭先生身体不太好,不能天天到团里上班教学,我俩(当时是天津曲艺团最小的一对相声)急需再找个老师来教我们。1979年底,又一次在天津新华书店礼堂演出,在后台碰到了著名相声艺术家高英培先生,我找老师心切,想请高先生给我们当老师,英培先生说:"小子,想学相声,想说好相声吗?我告诉你找一个人,找着他教你们就行啦。此公叫李伯祥,在河东城建队看大门呢。"后来,经团里决定,我和曲艺团学员队领导王惠芝老师一起,请来了李伯祥先生到天津市曲艺团学员队教学生,当教师,主要负责教我和郑健,也就从那时候起,我与师父结下了师徒缘分。师父教学生非常认真,

戴志诚与姜昆演出照

非常全面,他教我一块"活"(相声段子),会告诉我这块"活"的出处,谁说得最好,有几种入"活"方式,有几个"垫话",而且是捧逗全教,让我在舞台实践中能更全面地了解、掌握相声的表演技巧。

师父是遵守相声之道的艺术家,也是位重情义的艺术家。20世纪80年代初,天津市曲艺团组织最强阵容赴上海、南通等南方城市演出,效果不是很好,尤其是相声。南方的观众不太能接受,需要派人过去救场。当时,学员队队长、快板书表演艺术家李润杰和好些老艺人给团里建议,派一个熟悉南方的、有南方观众喜爱的节目,到了南方肯定受欢迎的演员,此人就是李伯祥。师父接到团里派他去南方演出的通知,得找个相声搭档。师父就找来了曾经在他最困难时期帮助过他的,正在工厂下放的杜国芝先生。老二位一经合作,到南方一炮走红,大受欢迎,成了天津市曲艺团的主力演员。从此,中国相声界有了一对完美搭档,黄金组合——李、杜组合。

金望 我叫金望,1976年入伍,在天津市公安消防大队当文艺兵,1980年转入市公安局交通大队宣传队,期间和师弟高吉林同拜师李伯祥先生。我崇拜李先生的人品、艺术,他对相声艺术的发展与时俱进。从师父身上我学到了终生受用的高尚艺术,谦虚为人的品德。而后我又二次入伍到南京军区前线歌舞团曲艺队,后转业到天津市曲艺团,在以师父为队长的相声队共同演出、生活了三年,受益匪浅。我非常感谢师父对我多年精心的、父亲般的关怀及教诲,祝师父健康长寿,永葆艺术青春。

高吉林 我的恩师李伯祥是一个已近八十岁的非常可敬、

可亲、可爱的小老头,他虽然个子不高,但是他的艺术像一棵参天松柏;虽然他不魁梧,但是他又像是一座高山。他博大精深,他的相声艺术高入云端、深入海底!他谈古论今、无所不知,他懂京剧、懂摔跤、懂足球,谈起足球,能从中国的第一届国家队的主力名字说到现在的国家队队员,又能从第一届世界杯说到现在的俄罗斯世界杯,他能从足球说到篮球,从篮球讲到乒乓球,他能从美国的第一任总统说到现在的特朗普。他说的相声那是行云流水,道理分明,情绪不断,妙语连珠,包袱连连!很是过瘾!

金望(左一)、王喆(左二)、高吉林(右)与师父合影

好多好多我们从未看过和听过的传统活,特别是一些贯口活,他拿过来就说还没有"栗子",每次听他聊天就如同上了一堂大课,他就是一本"百科全书"。

我虽然没有从事专业相声,但我恩师的许多言行、做人做事的风范潜移默化地感染着我,我将相声的幽默运用到工作中,并谦虚做人,努力干事,赢得了很好的口碑!

我从 1979 年开始说相声，那时就有找一位真有能耐的相声演员拜为老师的愿望。当时我在和平区文化馆相声队活动，那年我们正在演群活《法门寺》，有一天在滨江剧场演出，可扮演刘瑾的演员突然来不了啦！票都卖出去了，大伙急的！这时候我师父到后台来玩儿，大家一看来救星啦，说："李老师您给钻个锅吧（救急）。"我师父说："我没演过呀！"大伙说："你知道这活吗？"我师父说："我听过！"得嘞！说着话就给我师父扮上了！那天晚上的演出比我们所有场的活都火，当中的现挂太多了，太哏儿啦！所有演员在台上演出的时候都表现出了惊讶！事后大家说你拜师还找谁呀！？这不现成的嘛！耳听为虚，眼见为实。从那个时候起，我就从心底里认为李伯祥是一个真正有能耐的、会说相声、懂相声的人！

　　1980 年，我和金望师哥就有了想拜师的想法。那时我们在天津挺火的，当年特流行的相声段子《流浪者》《浪子回头》等，基本上都是我们俩创作的。那些年只要天津搞会演、比赛，我们准是一等奖！当我们跟师父提起拜师的事时，我师父说，"我又没名儿，拜我干吗？"我们说："您有能耐！我们就为学能耐！"记得是 1980 年的一天，在和平文化馆活动完了之后，由杜国芝、马洪信、华世全、李增年、李金宽、程光德、吴钢伦、刘英琪等师叔们在场，举行了一个简单的认师仪式，正式拜师是在 1982 年师父家的家庭聚会上。再后来，2006 年 5 月 19 日，在北京湖广会馆，举办了大型的拜师、谢师会，由李金斗、孟凡贵主持。京津两地的相声名家常宝霆、常宝华、苏文茂、姜昆、唐杰忠、常贵田、赵世忠等都前来祝贺，单田芳老先生也专程赶来，真是盛况空前！

有一件事情借此机会我必须要给我师父澄清一下。当我们拜师之后，有的人说"李伯祥这个人可瓦人呀"，就是吃人儿的意思。我们当时也没拿这个话当回事儿！但从认识我师父那天起，他还真不是那种人！我举一个小例子。1980年春节前我和我师父去塘沽演出，从李七庄坐火车，各买各的票，晚上就睡后台，也没有床，我就找了两块木板当床，合衣而睡。剧场对过就是早点铺，我记得吃的是烧饼、油条、豆腐脑、豆浆，当时烧饼是五分一个、油条四分一根、豆腐脑七分一碗、豆浆四分一碗，还有其他一些小吃，俩人花了不到一块钱，俩人抢着结账，我还没抢过他，最后还是我师父买的单！

另外，周围的人谁家里有个婚丧嫁娶等事情，只要他知道消息准到！随份子一随就是几千块钱！也甭管是本市的还是外地的，几十年如一日！没看出来我师父瓦人，倒是徒弟们总瓦师父啦！

最后，衷心祝我可敬、可亲、可爱的老恩师健康长寿，艺术青春永驻！

高玉林　我叫高玉林，家父乃是相声表演艺术家高英培。与我的恩师李伯祥先生同出师门，为一师之徒，师父为兄我父亲为弟。由于这种关系，我小时候经常去师父家串门儿。在师父家里多次见到师奶奶与师父一个炕上一个炕下（因为师父家住房面积小）互为捧逗一起回忆传统节目，并揣摩和推敲表演方式。每一次都会使我感到在别处见不到的相声世家的艺术氛围与师父身上独有的相声艺术的底蕴。由此，萌生了拜师的想法。20世纪80年代初，一次师父在家中设酒宴与父亲共叙友情，酒至酣处，师父与父亲把我与松岩师弟叫到身旁，互收为徒。我为师哥松岩为师弟。并给师父、师娘、师奶奶行大礼，给师父叩头三个、师娘三个、师奶奶三个，共叩九个响头。自此，我与恩师结下师徒之缘。

高玉林与师父合影

刘毛毛 师爷李洁尘有个徒弟叫马文忠，1958年支援石家庄到文化宫组织相声大会，我父亲刘克是市里的评书演员，相声说得也非常帅，我打记事起跟着他们，当年孙福海师叔在省军区当兵，我目睹了孙福海、马文忠的相声《拔牙》，在我父亲单位俱乐部看了大师高元均的山东快书《长空激战》，刘文亨在石家庄办了个相声班，我又跟山东快书名家李全良学了山东快书，我16岁创作演出了相声《我爱这一行》。20世纪70年代成了石家庄的曲艺主演，快板艺术家常志对我十分重视，直到有一天我听到了相声《聊天》，李伯祥的名字算是记在我心中了，暗下决心，找机会拜李伯祥，他的表演行云流水、道理分明、情绪不断、妙语连珠、包袱连连，我成了他的粉丝，从此我说相声有了他的贯穿。1985年元月3日，我正式拜李伯祥为师，引、保、代是马文忠、高树槐、杜国芝，当时刘俊杰、王宏、刘亚津、杨亚琴等在场祝贺。"师徒如父子，我们还是朋友"，师傅成人之美，把我介绍给相声大家刘文亮。1987年常志、刘文亮、张甲

刘毛毛(后左)、李增满(后右)与师父师娘合影

祥、刘际把我带进了省曲艺团。1991年李如刚带我跟侯宝林到山东演出，回来后我进了武警消防文工团，成为中校团职干部、曲艺队队长，省曲协陈小平带我参加第五届曲艺节，姜昆主席看了我的表演，高兴地推荐我上了中央电视台"曲苑杂坛"，陈寒柏师哥又推荐我上了"满堂彩"。我的成长离不开恩师李伯祥的培养教育，我的恩师李伯祥在我心中永远是相声之最，相声大师！

李增满　我师父李伯祥四十多岁的时候去石家庄演出，经我师叔(马文忠，我师爷的徒弟)引荐，我跟我师哥一起见到了李伯祥先生。因为从我们听他的《报菜名》开始，就一直特别喜欢他、崇拜他，一直想拜他为师。后来在石家庄，由相声名家刘俊杰作为介绍人举行了一个拜师仪式。拜师之后，师父经常给我们说活，使我们的艺术水平突飞猛进，后来是我师父把我们带入了专业团队，我进入了河北省曲艺团，我师哥刘毛毛进入了武警文工团,我们哥儿俩逐渐在当地小有名气。

郭燕娟（王平爱人） 欣闻著名相声表演艺术家李伯祥先生八十大寿暨从艺七十五周年。像李伯祥先生这辈的相声艺术大师,在世的已是凤毛麟角,而先生八十华诞尤能笔耕,登台献艺,道人生苦乐,探艺术幽微。李门十八弟子无不为文,争表敬意。我爱人王平虽与我们幽冥两隔,若在天有灵,知恩师康健,不懈艺术,定隔空遥祝——相声不朽!

王平在李门十八子中行九,恩师赐艺名松良。他天资聪慧,悟性极高且心无旁骛。他一生视相声如生命,对相声怀抱忠诚,为相声肝脑涂地。20世纪90年代,相声艺术出现了低潮期,遇到了瓶颈,王平身为辽宁省曲艺家协会副主席、辽宁科技大学教授,不甘相声这门艺术在自己这辈艺人手中沉寂下去,多方奔

2002年,王平与师父李伯祥在大连电视台录制节目

走,呼吁辽宁相声界人士共同组建了辽宁相声俱乐部,多次到东北大学、辽宁大学、武警学院等高校普及相声这门艺术,让更多年轻人喜欢相声,热爱相声,听得懂传统相声。正是他对相声的执着热爱与追求探索,深深地打动了恩师李伯祥先生。先生

识才、爱才、惜才,视为己出,毫无保留地传道授业、倾心尽力、关爱有加。师徒更是情深艺重。松良英年早逝,才有了师弟松涛子承父业。师父对王平的厚爱与期望由此可见一斑。

记得 1991 年,王平因病住院,恩师闻悉,电汇 800 元慰问,那时我们的工资才 100 元左右,他怕我们夫妻俩苦着、紧吧着。这就是师父,授业如师——严加督责,倾技相授;生活如父——无微不至,苦乐相连。师父二字在相声行业中是沉甸甸的,包含着天地君亲、忠义孝悌。师父一生痴迷相声,闲暇之时唯喜小酌一口金奖白兰地,津津有味、散愁自乐。所以每到天津,王平必"投其所好"躬身奉上,孝之!

李伯祥先生和著名评书表演艺术家单田芳先生是结拜弟兄,引荐人是王平。两位大艺术家惺惺相惜,相互欣赏彼此腹笥之丰美(用相声界的行话说,叫肚囊宽)。我是单田芳先生的大弟子,所以我是李门媳妇,王平是单门女婿。两门姻亲,不知冥冥之中是否满足了师父们守望传统语言艺术的心愿?

王平说相声既有东北人的粗犷豪放、又有天津相声的轻松随意,还结合了北京相声的清新雅致。他表演传统相声中规中矩,韵味醇厚,颇见功力;表演新相声热情奔放,充满朝气。他的相声擅长捕捉社会热点,富有时代特色,他表演的相声《如何是好》《好好说话》《说不明白》等都令人耳目一新,回味无穷。并著有《相声演员说相声》等理论文章。

王平收有徒弟刘洋、孙大治、计一彪、范曦文、李俊杰、周壮、许文强、杨松。

提笔生情,千言万语汇成一句话:祝恩师身体健康,艺术之树常青！

耿直　我是耿直，小时候经常和父亲去师父家，记得那时候一去师父总是说"小子，走！"带着我上菜市场，买一只烧鸡，五毛钱果仁。后来参加工作干上专业相声演员，拜伯祥大爷为师父，也就顺理成章了。

耿直与师父合影

秘弘泉　说起我和恩师李伯祥先生的缘，得回到 20 世纪 70 年代末，从相声大师孙少林师爷口中得知恩师的名字，后来听到、看到恩师的精湛表演更是从内心里敬佩，在孙夫人刘艳霞师奶奶的推荐下，在张家口有幸遇见恩师，在王炳、杜国芝、丁文元先生的见证下叩在恩师的门下，终于了却了心愿。转眼三十多年过去了，恩师的教诲始终没忘："低调

秘弘泉与师父李伯祥

做人，认真作艺。"这就是我和恩师的缘。衷心祝愿恩师健康快乐、福寿康宁！

孙庆华　我是孙庆华，从小就特别喜欢师父的相声，考入哈尔滨曲艺团后，就想拜在师父的门下，可因为演出繁忙，几次路过天津，都没有机会得以实现。1992 年的 9 月，我们团到天

223

孙庆华与师父

津演出,这真是天赐良机,终于实现了我的夙愿,正式拜在了师父的门下,使我从海青得以转正,成为李派相声的一名传承人,忠心地谢谢师父,能收我为徒。

于琪 我叫于琪,来自丹东。我的启蒙恩师是潘侠男。1978年跟随恩师来天津观摩学习,专程到李伯祥先生家里拜访,不巧,当时李先生正在大连旅顺演出,这次拜访可能就注定了我和李先生的不解之缘。多年之后,从金炳昶(已故相声名家)那里听说我的恩师潘侠男去世了。我听到这个消息时已经是一个月后了。难过的心情就不用说了。再后来又听说恩师的后事是李伯祥先生帮忙发送的,当时心里真是万分感激,不

于琪(左)与周志光演出照

知怎么表达,这份感恩之心就深深地埋在了心底。后来在九师兄王平的介绍下,跟李伯祥先生通了电话,也表达了这份感恩之情,终于跟李伯祥先生结下了这份师徒父子情。从此我就成为十八子中的第十三子。

吕小品 我是吕小品,从事喜剧表演、导演和剧本创作二十余年。在相声门里,我叫松颐,是李伯祥先生的第十四个弟子。

吕小品与师父师娘在一起

我小的时候很要强,很"狂"。在哈尔滨上小学的几年,拿遍了省里和市里少儿文艺会演的各种一等奖项——朗诵、演讲、舞蹈、声乐、故事大王……还担任各种小主持人、合唱团指挥啥的,少年宫的话剧也是男主演(起码也是反一号小狐狸,哈哈)。可还是不满足,原因就是我最喜欢听的相声,和我挂不上边儿。20世纪80年代初的黑龙江,我能从收音机里听到的相声最多的就是师胜杰先生和于世德先生,还有姜昆和李文华先生的作品。喜欢他们给观众带来的笑声,觉得在笑声中的相声演员是最骄傲的,最"狂"的。我也想像他们那样。于是,十岁的我做出

225

了个"重大"的决定——自己动笔写了一段"相声"。当时哈尔滨少年宫的陈红老师大概是太纵容我了，虽然我写得惨不忍睹，她居然还是找了专业人士为我量身打造了一段，并且找来了比我年龄大一点的于世德先生的公子于勾给我捧哏。那是我第一次表演相声，舞台经验远胜于一般孩子的我，这回没"狂"起来，我居然在台上腿肚子抽筋儿了……虽然靠表演瞒住了观众和搭档的眼睛，虽然演出又获得了成功，我看着台下鼓掌的观众，我明白了，相声不是想说就说的，你喜欢这个行当就要尊重这个行当，没有金刚钻我再不登台说相声。演出后，一个老头儿对我说：小子，你的嘴皮子挺利索、挺脆啊，以后想说相声吗？我鬼使神差地摇了摇头，老人带着于勾走了，陈红老师说：傻小子，那是于世德先生！

我哪儿见过啊，我是光听过声音没见过人影儿啊！

那时候爸爸有一台日本产的砖头收录机，被我霸占了。父亲给了我三盘磁带，我录成了各种自己喜欢听的收音机里的相声，于是录的越来越多、背的越来越多，于是磁带都满了，于是我借了同学的录音机串录筛选，于是我发现我留下的最喜欢的相声居然都是一个人的——于是我就认准了"李大白话蛋"……

在中央戏剧学院表演系上学的时候，我的台词课是班里最好的，台词老师徐平惊诧于我绕口令和拗口台词的精准，我心里却暗暗感谢"李大白话蛋"给我打下的基础。

2005年，我给中国广播说唱艺术团导演了一部电视剧，主演是郑健和刘惠。郑健的搭档王平是我的好朋友，参演过我导演的几部戏,所以毫不犹豫地又请来王平客串。因为他创作并和郑健合说的新作品《如何是好》深得我心,一见面我俩就把拍戏抛在一边,针对影视表演和相声表演不同地塑造角色形象进行了深入的探讨。而更让人惊喜的是,虽然相识多年,我这时候才得知郑健和王平竟然都是"李大白话蛋"李伯祥先生的高徒!

多年的喜剧创作与导表演,让我深知:中国的喜剧艺术创作,从中国的传统相声里汲取了太多的营养。而相声里的角色塑造的精准、迅速、到位,更是喜剧表演应该学习和借鉴的。而我当然知道,相声界里的活字典、百科全书、真正的"杂货铺"——非李先生莫属! 于是,垂涎欲滴的我,在王平和郑健的怂恿下,给李伯祥先生下了一个套儿……

编剧在我的授意下写了一集"满汉全席",完全量身打造,盛情邀请李伯祥先生来扮演一个嘴把式大厨。我成功地"导"了一把李先生,王平和郑健也不失时机地在李先生"惊魂未定"之时提出建议——请他老人家收我为徒! 师父还没喘过气儿来,糊里糊涂地答应了!

2006 年,湖广会馆的谢师、拜师会开始之前,师父问我:小子,你真要学相声? 你现在后悔可还来得及! 你可得想好喽!

他老人家哪里知道,来不及了! 我十岁抱着砖头收录机的时候就想好了!

李甦 本人李甦,是一名影视演员,自幼喜爱相声,经由师哥郑健、著名导演吕小品和已故师哥、著名相声演员王平以及我的哥哥著名演员李琦的大力推荐,拜在著名相声表演艺术家李伯祥先生门下,师傅赐名李松和。

227

李甦剧照

　　师父他老人家个子不高,虽已年逾八旬但台上台下精气神十足,使活和谈吐那是滴水不漏,他机智、灵巧,台风是暴、脆、快、响,江湖人称"李快嘴"。

　　王月　我叫王月,艺名王松月,1969 年生于安徽合肥。武警安徽总队政治部文工团曲艺队队长、相声演员。自小喜爱相声,后跟随安徽相声名家刘犁老师(相声名家赵兰亭先生徒弟)

王月

学习相声。偶然一次,收音机里播出一段传统相声《报菜名》,当时震惊了我,原来相声还能这么使?贯口还能这么说?语速之快、吐字之清、语言之流畅不断地冲击着我的大脑,逆转着我的思维。问了刘犁先生,才知道原来是号称"快嘴"的相声艺术家李伯祥先生。从此,我的偶像诞生了。

心里想着,有朝一日,我要是能拜李伯祥先生为师,终身无憾了!谁曾想到,刘先生竟然和李先生关系莫逆,2004年经刘先生介绍,我认识了先生,终于在2006年拜于先生门下,成为李伯祥先生的弟子,我骄傲、我自豪。从那一刻起,我下定决心,将用我的一生去学习师父的艺德和艺术,去热爱相声。

李庆丰 师父是真正的人民艺术家。台上光焰万丈,台下随和可亲。七十多岁时,还亲自骑自行车去买烧鸡、买包子,款待登门拜访的粉丝代表。师父始终强调:"未曾学艺先学做人,不管你艺术多高、名气多大,见了群众也得会说句人话。"按德艺双馨来讲,师父无愧是泰斗,是楷模。

李庆丰与师父

孙承林 我出身于曲艺世家,晨光茶社第三代传人,济南市曲艺团演员。祖父是相声大师孙少林,祖母是梅花大鼓名家刘艳霞(李伯祥先生义父义母),叔爷爷是相声名家孙少臣(李伯祥先生早期搭档),父亲是相声名家孙小林,我和师父有着千丝万缕的不解之缘。

经祖母引荐,1999年拜先生为师,倍感荣幸。2006年,参加谢师仪式,成为恩师的第十八子。

2016年,我喜得贵子,经师父李伯祥先生决议,幼子孙艺宽,拜师李伯祥先生的二公子李松涛为师,成为首徒。赐艺名孙

229

相声快嘴
李伯祥

孙乘林与师父合影

砚鹏,可谓亲上加亲。

为弘扬李派艺术,我先后收徒三次,共计十三人,分别是王睿,王滋浩,马紫臣,宋钰岭,宋钰峰,王皓仟,许庆贺,王妙如,包宇涵,辛明泰,窦艾,成可馨,刘桐。

王硕 我叫王硕,艺名王松魁,在师父的弟子中年龄最小。提起我拜师的经历,得追溯到 20 世纪 90 年代初。我的祖父是相声大家王世臣,在我还没上学的时候,爷爷带我去天津参加相声界的一个庆祝活动。席间爷爷对师父说:"伯祥,以后我的孙子王硕不说相声便罢,如果说了相声就是你徒弟。"师父非常尊师重道,随即应允。李金斗老师便让我父亲把我找来,给师父行礼,我跪在凳子上给师父磕了三个头,这就算认师了。回京后爷爷对我的姑姑说让我拜我师父的原因,"一是因为我和你佩茹大爷(我的师爷)是莫逆之交,关系最好,伯祥是您的大徒弟。最重要的,他们这代人里,伯祥肚子最阔(会的最多),小硕跟他能多学能耐。"这是我爷爷的原话。

一晃过了十多年,我酷爱相声,就请我姑姑找到了李金斗老师。金斗老师特意登门向我师父说明了我想再续师徒情之意。随后也多亏了金斗老师的操持,奔波于京津两地,最终于 2010 年 7 月 16 日在北京鸿宾楼饭庄举行了拜师仪式,师父赐

230

名"松魁"。那天恰巧是我 20 岁生日,也是天意,使我宛如重生。

记得有一次我和师父、国艺叔一起吃饭,师父已带醉意,我向师父请教《洋药方》中"一症"的趟子(贯口),师父不假思索脱口而出。之后杜叔跟我说:"爷们儿,我跟你师父没使过这活。"那就是师父在舞台表演这段相声的时候还是几十年前呢。可见师父的相声真"瓷实"!

王硕与师父、师娘在一起

杨利生 我是杨利生,自幼酷爱文艺,善于语言模仿、即兴主持和相声表演,近年来,创作了快板《北京奥运腾巨龙》《八荣八耻》,相声《说学》《十佳记者上灯谜》《夸家乡》《多和少》《方言谈》《伟人的话语》《趣味比赛》等数百段曲艺作品以及小品《招聘》《如此大夫》等,2006 年,杨利生牵头组建了内蒙古人民广播电台评书曲艺广播(调频 FM102.8 兆赫),给内蒙古广大听众送去了曲艺大餐,为弘扬曲艺做出了自己的贡献。在内蒙古自治区成立六十周年之际,策划发起组织了"(仕奇杯)内蒙古首届相声小品曲艺大赛"。这一活动在内蒙古首次广播、电视同

231

相声快嘴 **李伯祥**

杨利生

步直播五场，取得了空前圆满的成功，这次活动创造了许多第一！受到受众的喜爱和专家的好评，中国曲协主席姜昆等亲临现场演出，并对本次大赛给予高度评价。

王喆 我是王喆，天津广播电视台滨海广播《白话往事》节目主持人。

我自幼酷爱李伯祥先生的相声艺术。1989 年从广播中听到李先生和杜国芝先生合说的相声《聊天》后，被李先生的相声艺术所折服。曾将《聊天》按先生的表演节奏，完整背诵下来。至今其中的大段贯口，仍是每次转播解说或小说录制前的"热身运动"。2005 年天津电视台 45 周年台庆晚会的群口相声中，曾用《聊天》中的贯口段子和郑健师哥 PK。2006 年曾邀请李伯祥师父在天视体育频道德国世界杯特别节目《白话世界杯》中，畅聊足球和相声。那期直播节目效果特别火爆，收视率奇高。当时便萌生了投入先生门下的念头。2012 年后，蒙高吉林师哥引荐，幸得多次与先生谈天说地，侃足球、论女排、聊古今、说岁月，更加了解到先生的博学，对晚辈的关爱。这些进一步密切了我们的感情，使我更加坚定了投入先生门下的信念。值此师父80 大寿之际，蒙师父不弃，拜到赵氏相声门下，成为先生的弟子。谨记先生的教诲，多说文雅的"绿色相声"，弘扬传统文化，将相声艺术发扬光大！